CODE plus

TAKENBOEK
DEEL 1 | 0-A1

Basisleergang Nederlands voor anderstaligen

Universiteit van Amsterdam, Instituut voor Nederlands Taalonderwijs en Taaladvies (INTT)
Nicky Heijne
Marten Hidma
Karolien Kamma

Vrije Universiteit Amsterdam, Afdeling Nederlands Tweede Taal
Titia Boers
Gerrie Gastelaars
Vita Olijhoek

Eindredactie
Vita Olijhoek

CODE Plus

Deel 1
Takenboek
Website bij het takenboek
Docentendeel website
Audio-cd
Dvd
Oefenschrift

Deel 2
Takenboek
Website bij het takenboek
Docentendeel website
Audio-cd
Dvd
Oefenschrift

Deel 3
Takenboek
Website bij het takenboek
Docentendeel website
Audio-cd
Dvd
Oefenschrift

Deel 4
Takenboek
Website bij het takenboek
Docentendeel website
Audio-cd
Dvd
Oefenschrift

redactie: Marcia Schouten, Magenta tekst & redactie
omslagontwerp: Studio imago, Peter Beemsterboer
ontwerp binnenwerk: Studio Imago, Henri van Santen
fotografie: Ely Hackmann (umagbestkijken), Nijkerk
tekenwerk: Studio Imago, Ivan en Ilia Illustraties

Over ThiemeMeulenhoff

ThiemeMeulenhoff is dé educatieve mediaspecialist en levert educatieve oplossingen voor het Primair Onderwijs, Voortgezet Onderwijs, Middelbaar Beroepsonderwijs en Hoger Onderwijs. Deze oplossingen worden ontwikkeld in nauwe samenwerking met de onderwijsmarkt en dragen bij aan verbeterde leeropbrengsten en individuele talentontwikkeling.

ThiemeMeulenhoff haalt het beste uit élke leerling.

Meer informatie over ThiemeMeulenhoff en een overzicht van onze educatieve oplossingen:
www.thiememeulenhoff.nl of via de Klantenservice 033 448 3700

ISBN 978 90 06 81515 3
Tweede druk, vijfde oplage, 2015

© ThiemeMeulenhoff, Amersfoort, 2011

Alle rechten voorbehouden. Niets uit deze uitgave mag worden verveelvoudigd, opgeslagen in een geautomatiseerd gegevensbestand, of openbaar gemaakt, in enige vorm of op enige wijze, hetzij elektronisch, mechanisch, door fotokopieën, opnamen, of enig andere manier, zonder voorafgaande schriftelijke toestemming van de uitgever.

Voor zover het maken van kopieën uit deze uitgave is toegestaan op grond van artikel 16B Auteurswet 1912 j° het Besluit van 23 augustus 1985, Stbl. 471 en artikel 17 Auteurswet 1912, dient men de daarvoor wettelijk verschuldigde vergoedingen te voldoen aan Stichting Publicatie- en Reproductierechten Organisatie (PRO), Postbus 3060, 2130 KB Hoofddorp (www.stichting-pro.nl). Voor het overnemen van gedeelte(n) uit deze uitgave in bloemlezingen, readers en andere compilatiewerken (artikel 16 Auteurswet) dient men zich tot de uitgever te wenden. Voor meer informatie over het gebruik van muziek, film en het maken van kopieën in het onderwijs zie www.auteursrechtenonderwijs.nl.

De uitgever heeft ernaar gestreefd de auteursrechten te regelen volgens de wettelijke bepalingen. Degenen die desondanks menen zekere rechten te kunnen doen gelden, kunnen zich alsnog tot de uitgever wenden..

Deze uitgave is volledig CO2-neutraal geproduceerd.
Het voor deze uitgave gebruikte papier is voorzien van het FSC®-keurmerk.
Dit betekent dat de bosbouw op een verantwoorde wijze heeft plaatsgevonden.

Inhoud

4 Uitleg van de symbolen

			thema
5	Hoofdstuk 1	Wie ben jij?	*Voorstellen*
25	Hoofdstuk 2	Te laat!	*Tijd*
51	Hoofdstuk 3	Wat eten we vanavond?	*Eten en drinken*
75	Hoofdstuk 4	We gaan verhuizen	*Wonen*
99	Hoofdstuk 5	Op weg naar Rotterdam	*Reizen en routes*
125	Hoofdstuk 6	Wat zie je er leuk uit!	*Kleding en uiterlijk*
145	Hoofdstuk 7	Wat gaan we doen?	*Uitgaan*

171 Antwoorden

189 Kader Hoofdletters en leestekens (De zin)

189 Kader Enkele en dubbele consonanten en vocalen (Spelling)

190 Overzicht Grammatica en spelling

191 Overzicht Routines

193 Woordenlijsten

207 Bronvermelding

Uitleg van de symbolen

 Deze opdracht maak je op de computer. Je gaat naar een tekst luisteren, een video of een illustratie bekijken, oefenen met nieuwe woorden of met routines.

Je gaat naar de computer, www.codeplus.nl. Je kiest *CODE Plus* deel 1, je kiest een hoofdstuk en je kiest een taak.

 Bij sommige opdrachten hoort een werkblad. De werkbladen krijg je van je docent.

 Sommige opdrachten doe je niet in de klas, maar buiten het lokaal of buiten de school. Je moet dan bijvoorbeeld naar een winkel.

 Bij deze opdracht moet je iets zoeken op internet.

 Deze opdracht doe je met een andere cursist samen.

 Deze opdracht doe je met twee andere cursisten.

 Deze opdracht doe je met de hele groep. Je krijgt uitleg van je docent.

 Deze opdracht doe je met de hele groep. Je docent laat een luistertekst of liedje horen.

 Dit is een leesopdracht. Je leest een tekst en beantwoordt de vragen.

 Dit is een schrijfopdracht.

HOOFDSTUK 1 Wie ben jij?

Dit hoofdstuk gaat over persoonlijke informatie.

Introductie	6	
Taak 1	Jezelf of iemand anders voorstellen	8
Taak 2	Een adres vragen en geven	11
Taak 3	Groeten	14
Taak 4	Vragen stellen over een formulier en een formulier invullen	18
Slot	21	
Grammatica en spelling	22	
Lezen en schrijven	24	

Introductie

Welkom bij CODE Plus!

Voor je begint: bij dit boek hoort een voucher voor toegang tot het online oefenmateriaal. Heb je dit boek tweedehands gekocht of is het al door iemand anders gebruikt, koop dan een nieuw voucher via de boekhandel of www.codeplus.nl.

Kijk naar de foto's. Wie horen bij elkaar? Vul de goede letter in.

Twee families

1 Wie hoort bij Eddy Chen?

Hallo, ik ben Eddy. Mijn achternaam is Chen. Ik kom uit Arnhem en nu woon ik in Weesp. Ik ben 36 jaar. Ik geef autorijles. Mijn vrouw heet Dewi en zij is 32 jaar. We hebben twee (2) kinderen. Laura is zes (6) jaar en Jessica is een baby.

_____

_____

2 Wie hoort bij Pieter van der Meer?

Mijn naam is Van der Meer. Mijn voornaam is Pieter. Mijn vrouw heet Yvonne. We hebben twee (2) kinderen: een zoon en een dochter. Paul is vijftien (15) en Anne is dertien (13). We wonen op de Nieuwe Gracht, op nummer 29, in Weesp. Yvonne werkt in een winkel en ik ben huisarts.

_____

_____

a Hallo, ik ben Anne. Ik ben de zus van Paul. Ik ben dertien (13) jaar en ik woon met mijn familie in Weesp.

b Ik heet Dewi. Mijn man heet Eddy. We hebben twee (2) dochters: Laura en Jessica.

c Ik heet Laura. En dit is Jessica.

d Mijn naam is Yvonne van der Meer. Ik heb een man, een zoon en een dochter.

e Hoi, ik ben Paul. Ik ben de broer van Anne. Ik woon met mijn zus, vader en moeder op de Nieuwe Gracht in Weesp.

Taak 1 Jezelf of iemand anders voorstellen

● ● ● Voorbereiden

1 Wat hoort bij elkaar? Vul de goede letter in.

Hoort het bij jezelf voorstellen? Of hoort het bij iemand anders voorstellen?

Jezelf voorstellen   Iemand anders voorstellen

_____   _____

_____   _____

a Ik ben Anne.

b Mijn naam is Van der Meer.

c Dit is mijn broer Paul.

d Ik heet Dewi Chen.

e Ik zal mijn vrouw even voorstellen. Dit is Yvonne.

f Dit is mijn man Eddy.

HOOFDSTUK 1 | TAAK 1 ••• 9

 2 Doe de opdrachten van **Luisteren 1** bij **Voorbereiden** op de computer.

 3 Doe de opdrachten van **Luisteren 2** bij **Voorbereiden** op de computer.

 4 Doe de opdrachten van **Woorden** bij **Voorbereiden** op de computer.

 Routines

Voorstellen
Jezelf voorstellen (i) = informeel / (f) = formeel
Ik heet Hanna. *(i)*
Ik ben Jan. *(i)*
Ik ben Jan Tervoort. *(f / i)*
Mijn naam is Maarten van Putten. *(f)*

Iemand anders voorstellen
Dit is Els. *(i)*
Dit is Marja Willems. *(f)*
Dit is mevrouw / meneer Hendriks. *(f)*

 Routines

Vragen stellen en antwoord geven
Hoe heet je? Ik heet Hanna.
Wie ben jij? Ik ben Paul.
Waar kom je vandaan? Ik kom uit Groningen / uit Spanje / uit Finland.
Waar woon je? Ik woon in Amsterdam.

 5 Doe de opdrachten van **Routines** bij **Voorbereiden** op de computer.

• • • Uitvoeren

6 Stel vragen en geef antwoord.

Cursist A vraagt en cursist B geeft antwoord. Vragen:
Hoe heet je?
Waar woon je?
Waar kom je vandaan?

Wissel van rol.

7 Stel iemand voor.

Cursist A stelt cursist B voor aan de groep. Zinnen:
Dit is …
Hij / Zij woont …
Hij / Zij komt uit …

Wissel van rol.

• • • Afronden

8 Wat weet je? Schrijf op.

Cursist A Wat weet je van cursist B?
Cursist B Wat weet je van cursist A?

Controleer samen de informatie.

9 Loop rond, stel vragen en geef antwoord.

Loop rond en vraag informatie aan drie andere cursisten.

TAAK 2 Een adres vragen en geven

• • • Voorbereiden

1 Kijk naar het alfabet.

Aa Bb Cc Dd Ee Ff Gg Hh Ii Jj Kk Ll Mm Nn
Oo Pp Qq Rr Ss Tt Uu Vv Ww Xx Yy Zz

2 Doe de opdrachten van Luisteren 1 bij Voorbereiden op de computer.

3 Doe de opdrachten van Luisteren 2 bij Voorbereiden op de computer.

4 Kijk naar de getallen.

0	nul				
1	een	11	elf	21	eenentwintig
2	twee	12	twaalf	22	tweeëntwintig
3	drie	13	dertien	23	drieëntwintig
4	vier	14	veertien		
5	vijf	15	vijftien		
6	zes	16	zestien		
7	zeven	17	zeventien		
8	acht	18	achttien		
9	negen	19	negentien		
10	tien	20	twintig		

30	dertig
40	veertig
50	vijftig
60	zestig
70	zeventig
80	tachtig
90	negentig
100	honderd
200	tweehonderd
300	driehonderd
451	vierhonderdeenenvijftig

1000 duizend
1100 elfhonderd
1200 twaalfhonderd
1323 dertienhonderddrieëntwintig
1957 negentienhonderdzevenenvijftig

2000 tweeduizend
2612 tweeduizend zeshonderdtwaalf / zesentwintighonderdtwaalf
3433 drieduizend vierhonderddrieëndertig / vierendertighonderddrieëndertig

10.000 tienduizend
100.000 honderdduizend
1.000.000 1 miljoen

5 Doe de opdrachten van Luisteren 3 bij Voorbereiden op de computer.

6 Doe de opdrachten van Luisteren 4 bij Voorbereiden op de computer.

7 Doe de opdrachten van Woorden bij Voorbereiden op de computer.

Cultuur

Adressen en telefoonnummers

Telefoonnummers in Nederland hebben tien cijfers.
In een adres staat het huisnummer achter de naam van de straat: *Bierstraat 8*.
Adressen in Nederland hebben ook een postcode. Een postcode heeft vier cijfers en twee letters. De postcode staat voor de naam van de plaats: 2512 AC Den Haag.
In een straat hebben ongeveer tien huisnummers dezelfde postcode. De combinatie van postcode en huisnummer is uniek.
Soms weet je wel het adres, maar niet de postcode. Je kunt dan kijken op het internet: www.postcode.nl. Soms weet je de naam en de woonplaats. Dan kun je in het telefoonboek kijken of op internet: www. telefoonboek.nl. Daar zie je dan het adres en de postcode.

• • • Uitvoeren

8   Schrijf vijftien getallen op en lees ze voor.

Cursist A schrijft vijftien getallen op. Hij leest ze voor. Cursist B schrijft ze op.

Wissel van rol.

Controleer samen de getallen.

9   Stel vragen en schrijf de informatie op.

Cursist A vraagt informatie aan cursist B. Cursist A schrijft de informatie op.

Wissel van rol.

Controleer samen de informatie.

10   Stel vragen en geef antwoord. Schrijf de enveloppen.

Maak de namen en adressen compleet. Cursist A vraagt informatie aan cursist B.

Wissel van rol.

Controleer samen de informatie.

• • • Afronden

11.1   Vraag informatie over een cursus Nederlands. Schrijf de antwoorden op.

Cursist A vraagt informatie aan cursist B. Cursist B geeft informatie.
Cursist A begint het gesprek.

Controleer samen de informatie.

11.2   Vraag informatie over de huisarts. Schrijf de antwoorden op.

Cursist B vraagt informatie aan cursist A. Cursist A geeft informatie.
Cursist B begint het gesprek.

Controleer samen de informatie.

Taak 3 Groeten

• • • Voorbereiden

1 Wat zeg je tegen deze mensen? Kruis aan.

1 Dit is Simboe di Bakambo. Hij is 25 jaar en ook cursist in de cursus Nederlands.
☒ je
☐ u

2 Dit is Maarten. Hij is 12 jaar. Hij is het vriendje van je zoon.
☒ je
☐ u

3 Dit is meneer Tervoort. Hij is 37 jaar. Je wilt bij hem werken.
☐ je
☒ u

4 Dit is Yvonne van der Meer. Ze is 48 jaar. Ze werkt in een boekwinkel.
☐ je
☐ u

5 Dit is Bart Veldman. Hij is 50 jaar. Hij is de vader van Maarten, een vriend van je zoon.
☐ je
☐ u

6 Dit is Clara Verwey. Ze is 42 jaar. Ze is jouw docente Nederlands.
☐ je
☐ u

2   Doe de opdrachten van Luisteren bij Voorbereiden op de computer.

 3   Doe de opdrachten van Woorden bij Voorbereiden op de computer.

 Routines

Groeten
Komen en groeten (i) = informeel / (f) = formeel
Goedemorgen *(f)*
Goedemiddag *(f)*
Goedenavond *(f)*
Dag *(i) / (f)*
Hallo *(i)*
Hoi *(i)*

Weggaan en groeten
Tot ziens *(i) / (f)*
Dag *(i) / (f)*
Doei *(i)*
Doeg *(i)*

 4   Doe de opdrachten van Routines bij Voorbereiden op de computer.

Uitvoeren

5.1 Lees de teksten.

Situatie 1: informeel
Yvonne (A) en Maarten (C) zien Sarah (B).
A: Hallo Sarah, dit is Maarten.
B: Hoi Maarten.
C: Kom je ook uit Amsterdam?
B: Nee, ik kom uit Groningen.
A: We moeten gaan. Tot ziens.
C: Doeg.
B: Dag Maarten.

Situatie 2: formeel
Mevrouw (A) en meneer De Wit (C) zien meneer Van der Meer (B).
A: Goedemiddag meneer Van der Meer, dit is mijn man.
B: Goedemiddag.
C: Woont u ook in Weesp?
B: Nee, ik woon in Amersfoort.
A: Oké. We gaan weer. Tot ziens.
C: Dag meneer en mevrouw Van der Meer.

5.2 Je docent en twee cursisten zijn A, B en C. Zij lezen samen de teksten van situatie 1 en 2 hardop. Luister en lees mee.

5.3 Voer drie gesprekken in drietallen.

Gesprek 1: informeel
A en B groeten elkaar. A stelt C voor aan B.
C stelt een vraag aan B. B antwoordt.
- Woon je ook in …?
- Ja / Nee, …
- Groet en ga weg.

Wissel van rol.

Gesprek 2: formeel
A en B groeten elkaar. A stelt C voor aan B.
C stelt een vraag aan B. B antwoordt.
- Waar komt u vandaan?
- Ik kom uit …
- Groet en ga weg.

Wissel van rol.

Gesprek 3: informeel
A en B groeten elkaar. A stelt C voor aan B.
C stelt een vraag aan B. B antwoordt.
- Wat is je achternaam? Hoe spel je dat?
- Mijn achternaam is …
- Groet en ga weg.

• • • Afronden

6   Ga naar een andere groep cursisten. Oefen een gesprekje van opdracht 5.3.

Bespreek samen hoe de opdracht ging.

7.1   De les is afgelopen. Je gaat weg. Je groet de docent.

7.2   **Groet drie personen buiten de les. Schrijf de reacties op.**

TAAK 4 Vragen stellen over een formulier en een formulier invullen

• • • Voorbereiden

1 Lees de tekst.

Een formulier invullen

Eddy zoekt een nieuw huis. Hij moet een formulier invullen.
Op een formulier moet je persoonlijke informatie invullen, zoals je naam, adres en telefoonnummer. Je vult ook je geboortedatum in. Onder het formulier zet je je handtekening.

Achternaam: *Chen*

Voornamen: *Eddy Leo*

Straat: *Sonneveldstraat*

Huisnummer: *101*

Postcode: *1382 XH*

Plaats: *Weesp*

Telefoonnummer: *0294 - 414537*

Geboortedatum: *24 maart 1972*

Geboorteplaats: *Amersfoort*

Geslacht: m / ~~v~~*

Nationaliteit: *Nederlandse*

Handtekening: *(handtekening)*

* doorhalen wat niet van toepassing is

2 Wat hoort bij elkaar? Vul de goede letter in.

Achternaam: __j__

Voornamen: __l__

Straat: __i__

Huisnummer: __b__

Postcode: __e__

Plaats: __f__

Telefoonnummer: __k__

Geboortedatum: __g__

Geboorteplaats: __d__

Geslacht: (m) / v*

Nationaliteit: __h__

Handtekening: __c__

a man
b 163

c

d Barcelona
e 1224 TP
f Eindhoven
g 15-10-1982
h Spaanse
i Marktstraat
j Gonzalez
k 06-39610541
l Juan

 3 Doe de opdrachten van Woorden bij Voorbereiden op de computer.

Uitvoeren

 4 Maak vragen bij deze antwoorden.

Voorbeeld
Wat is je nationaliteit?

Nederlandse

Willemse

Marja

Bastionweg 31

1383 JA

Weesp

0294 617583

11 november 1978

Arnhem

V

Nederlandse

 5 Stel vragen en maak de formulieren compleet.

Voorbeeld
Cursist A vraagt: Wat is de achternaam van Peter?
Cursist B antwoordt: De achternaam van Peter is Van Elst.

Wissel van rol.

• • • Afronden

6   Vul nu zelf een formulier in.

```
Achternaam: _____

Voornamen: _____

Straat: _____

Huisnummer: _____

Postcode: _____

Plaats: _____

Telefoonnummer: _____

Geboortedatum: _____

Geboorteplaats: _____

Geslacht: m / v*

Nationaliteit: _____




Handtekening: _____


* doorhalen wat niet van toepassing is
```

Slot

1   **Doe de opdracht bij Slot op de computer.**

2   **Loop rond en stel vragen. Geef antwoord.**

Van de docent krijg je een vraag. Loop rond en stel de vraag aan een medecursist. Je medecursist geeft antwoord en stelt jou ook een vraag. Geef antwoord. Zoek een andere cursist, stel hem een vraag, enzovoort.

Grammatica en spelling

Dit is de theorie bij Grammatica en spelling. De opdrachten staan op www.codeplus.nl, deel 1, hoofdstuk 1, Oefenen, Grammatica en spelling.

Taak 1

Het presens — *Het verbum*
Singularis

		bellen	werken	kijken
1	ik	bel	werk	kijk
2	je / jij, u	belt	werkt	kijkt
		bel je	werk je	kijk je
3	ze / zij, hij	belt	werkt	kijkt

Pluralis

1	we / wij	bellen	werken	kijken
2	jullie	bellen	werken	kijken
3	ze / zij	bellen	werken	kijken

Let op:
Je belt de krant. → Bel je de krant?
Je werkt in Zwolle. → Werk je in Zwolle?
Je kijkt op internet. → Kijk je op internet?

Het pronomen personale als subject — *Het pronomen*
Singularis

1 ik — Ik heet Hanna.
2 je / jij (informeel), u (formeel) — Kom je uit Amsterdam? Komt u uit Amsterdam?
3 ze / zij, hij — Hij heet Paul.

Pluralis

1 we / wij — We wonen in Rotterdam.
2 jullie (informeel), u (formeel) — Jullie komen uit Spanje. U komt uit Spanje.
3 ze / zij — Ze hebben twee kinderen.

Let op:
Kom je uit Amsterdam? (je: neutrale vorm)
Ik kom uit Maastricht. En jij? Waar kom jij vandaan? (jij: contrast)

Ze heet Anne. (ze: neutrale vorm)
Ik heet Paul. Zij heet Anne. (zij: contrast)

Taak 4

'Hebben' en 'zijn' in het presens — Het verbum

Singularis

		hebben	zijn
1	ik	heb	**ben**
2	je / jij , u	heb**t**	**bent**
		heb je	**ben** je
3	ze / zij, hij	**heeft**	**is**

Pluralis

1	we / wij	hebben	zijn
2	jullie	hebben	zijn
3	ze / zij	hebben	zijn

Let op:
Je **hebt** een zus. → **Heb** je een zus?
Je **bent** de nieuwe cursist. → **Ben** je de nieuwe cursist?

Subject en persoonsvorm — De zin

subject	persoonsvorm	rest
1	2	3
Ik	**ben**	huisarts.
Hij	**geeft**	autorijles.
We	**wonen**	in Weesp.
Dewi en Eddy	**hebben**	twee kinderen.

▶▶ plaats 1 = subject
▶▶ plaats 2 = persoonsvorm (pv)

Lezen en schrijven

 1 Lees de tekst. Vul woorden in.

Ik __het__ Lars Borg. Ik kom __uit__ Zweden. Mijn __geboortedatum__ is tien april 1969 en mijn geboorteplaats is Stockholm. Ik __woon__ nu in Utrecht in de Kanaalstraat op __huisnummer__ 12. Ik ben manager en ik __werk__ in Amsterdam. Mijn __vrouw__ is huisarts. We hebben drie kinderen: twee __dochtern__ en één zoon.

 2 Schrijf iets over jezelf.

Gebruik de volgende vragen:
Hoe heet je?
Waar woon je?
Waar kom je vandaan?
Wat is je geboortedatum?
Wat doe je? Studeer je? / Werk je?

Je kunt ook kijken naar de tekst bij opdracht 1. Geef de tekst aan je docent.

Hoofdstuk 2 Te laat!

Dit hoofdstuk gaat over tijd.

Introductie	26	
Taak 1	Zeggen wanneer je kunt	27
Taak 2	Vragen en zeggen hoe laat het is	32
Taak 3	Roosters en dienstregelingen lezen	37
Taak 4	Iemand feliciteren met zijn verjaardag	41
Slot	46	
Grammatica en spelling	46	
Lezen en schrijven	47	

Introductie

 1 Doe de opdrachten bij Introductie op de computer.

2 Kijk naar de foto's en lees de zinnen.

Wat gebeurt eerst? Wat daarna? Geef elke zin een nummer: 1, 2, 3, 4 en 5.

 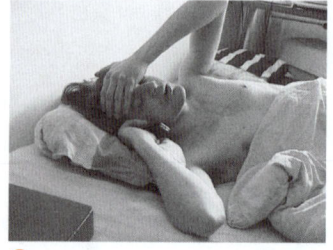 

❶ ❷ ❸

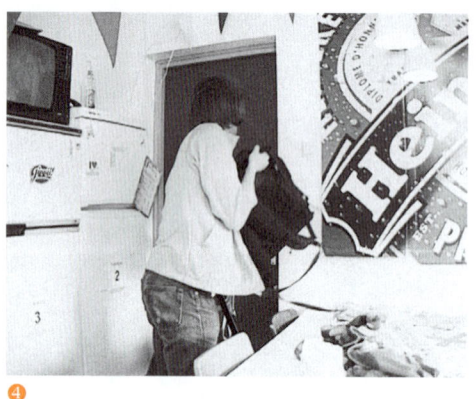 

❹ ❺

_5_ Maarten is bij André.
_3_ Maarten gaat naar de douche.
_1_ De telefoon gaat.
_4_ Maarten gaat weg.
_2_ Maarten belt met André.

Taak 1 Zeggen wanneer je kunt

● ● ● Voorbereiden

1 Kijk naar de illustraties.

 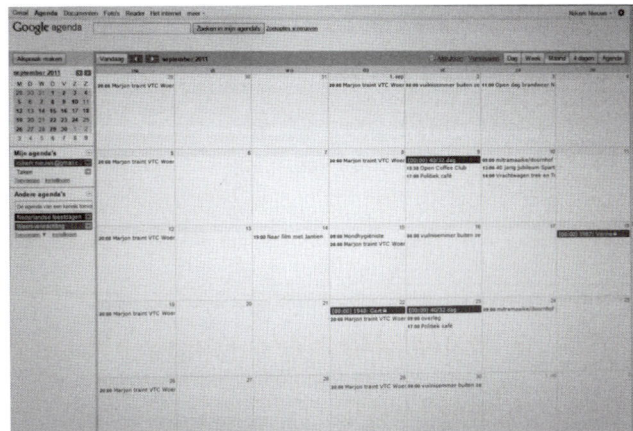

2 **Kijk in de agenda op de volgende bladzijde. De agenda is van Eddy Chen. Beantwoord de vragen.**

Eddy Chen leert mensen autorijden. Hij geeft rijles. De rijlessen schrijft hij op in zijn agenda.

1 Op welke dag of dagen heeft Els Bak rijles?

Op _maandag, 14-15 u_   _van twee tot drie uur_

2 Op welke dag of dagen heeft Corinne Mans rijles?

Op _maandag van halfnegen tot half tien en_

3 Maurice Kroon wil dinsdagochtend rijden. Kan dat?

a Nee.

b Ja, om _11_ uur.

MAANDAG	4 APRIL		DINSDAG	5 APRIL
08.00	8.20 huisarts		08.00	8.30 Jessica naar Regine
09.00	vrij		09.00	
10.00			10.00	
11.00			11.00	11.00 – 12.00 –
12.00			12.00	
13.00			13.00	13.00 – 15.00 Corinne Mans
14.00	14.00 – 15.00 Els Bak		14.00	
15.00	15.00 – 16.00 John van Dam		15.00	15.00 – 16.00 Jeroen de Ruiter
16.00	16.00 – 17.00 Angela Scheers		16.00	16.00 – 17.00 Rachid Morres
17.00	17.00 – 18.00 –		17.00	17.00 – 18.00 Alex van der Berg
18.00	18.30 – 19.30 Soraya Shoeroesing		18.00	18.30 – 19.30 –
19.00	19.30 – 20.30 –		19.00	
20.00	20.30 – 21.30 Corinne Mans		20.00	
21.00			21.00	
22.00			22.00	
23.00			23.00	
00.00			00.00	

3 Doe de opdrachten van Luisteren bij Voorbereiden op de computer.

4 Lees de tekst.

De dagen van de week
maandag
dinsdag
woensdag
donderdag
vrijdag
zaterdag
zondag

De maanden van het jaar
januari
februari
maart
april
mei
juni
juli
augustus
september
oktober
november
december

De dag

06.00 - 12.00 uur	de morgen	's morgens
	de ochtend	's ochtends
12.00 - 18.00 uur	de middag	's middags
18.00 - 24.00 uur	de avond	's avonds
24.00 - 06.00 uur	de nacht	's nachts

vandaag	Het is vandaag vrijdag.
morgen	Het is morgen zaterdag.

vanmiddag	Ik ga vanmiddag naar Maarten.
vanavond	Ik ga vanavond naar een restaurant.

5 Doe de opdrachten van Woorden bij Voorbereiden op de computer.

6 Bespreek samen de vragen.

1 Welke dag is het vandaag?
2 Welke dag is het morgen?
3 Wat zijn de dagen van het weekend?
4 Welke maand is het?

• • • Uitvoeren

 7 **Stel vragen en geef antwoord.**

Cursist A stelt vragen. Cursist B geeft antwoord.

Vragen, bijvoorbeeld:
Wat doe je vandaag?
Wat doe je vanmiddag?
Wat doe je zaterdagavond?
Wat doe je zaterdagmiddag?
Wat doe je zondag?

Antwoorden, bijvoorbeeld:
Ik ga naar de huisarts.
Ik ga naar de les.
Ik werk.
Ik ga naar de winkel.
Ik kijk televisie.
Ik bel met familie.

Wissel van rol.

 8 **Stel vragen en geef antwoord.**

Cursist A stelt vragen. Cursist B geeft antwoord.

1 Op welke dag sport je?

   Op _____ / Ik sport op _____

2 Op welke dag werk je?

   Op _____ / Ik werk op _____

3 Op welke dag ben je thuis?

   Op_____ / Ik ben op _____

4 Het is maandag. Ga je 's morgens naar de les?

   Ja / nee, ik ga _____

5 Het is donderdag. Ga je 's middags naar de les?

   Ja / nee, ik ga _____

6 Het is zaterdag. Ben je 's avonds thuis?

   Ja / nee, ik ben _____

7   Het is vrijdag. Ben je 's nachts thuis?

    Ja / nee, ik ben _____

Wissel van rol.

9   **Overleg met elkaar.**

Op welke dag kunnen jullie naar Scheveningen?

De werkbladen A, B en C zijn agenda's van de cursisten A, B en C.
Kies een agenda: de agenda van cursist A, B of C.

Voorbeeld

A: Kun jij op _____?

B: Ja, ik kan. En jij, kun jij ook?

C: Nee, ik kan niet. Kunnen jullie op _____?

A / B: _____

10 **Overleg met elkaar.**

De werkbladen A, B en C zijn agenda's van de cursisten A, B en C.
Kies een agenda: de agenda van cursist A, B of C.

Op welke avond kunnen jullie naar een restaurant?

● ● ● Afronden

11 **Doe je boek dicht. Zeg de dagen van de week en de maanden van het jaar.
    Schrijf ze ook op.**

Taak 2 Vragen en zeggen hoe laat het is

• • • Voorbereiden

1 Wat hoort bij elkaar? Vul de goede letter in.

1 _het kwartier_ 2 _het uur_ 3 _de minuut_ 4 _de seconde_ 5 _het half uur_

a de seconde
b de minuut
c het kwartier
d het half uur
e het uur

2 Wat hoort bij elkaar? Vul de goede letter in.

1 _g_ 2 _a_ 3 _b_ 4 _e_ 5 _c_ 6 _d_ 7 _f_

a Het is acht uur. _nur bei voller Uhr_
b Het is tien voor half drie.
c Het is kwart voor tien.
d Het is vijf over half één.
e Het is half acht.
f Het is kwart over vier.
g Het is vijf voor elf.

 3 Doe de opdrachten van Luisteren 1 bij Voorbereiden op de computer.

 4 Doe de opdrachten van Luisteren 2 bij Voorbereiden op de computer.

5 Doe de opdrachten van Woorden bij Voorbereiden op de computer.

Routines

Tijd 1

7.00 uur / 19.00 uur
Het is zeven uur.

7.15 uur / 19.15 uur
Het is kwart over zeven.

7.25 uur / 19.25 uur
Het is vijf voor half acht.

7.30 uur / 19.30 uur
Het is half acht.

7.35 uur / 19.35 uur
Het is vijf over half acht.

7.45 uur / 19.45 uur
Het is kwart voor acht.

7.50 uur / 19.50 uur
Het is tien voor acht.

- Hoe laat begint het nieuws?
- Om half zeven.
- Hoe laat is het nieuws afgelopen?
- Om tien over half zeven.

06.00 - 12.00 uur is 's ochtends
12.00 - 18.00 uur is 's middags
18.00 - 24.00 uur is 's avonds
24.00 - 06.00 is 's nachts

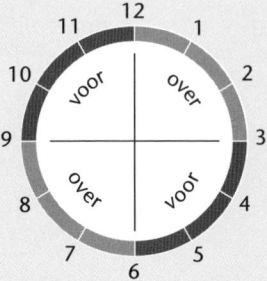

 6 Doe de opdrachten van Routines bij Voorbereiden op de computer.

Uitvoeren Practisk

7 Beantwoord de vragen. Schrijf de antwoorden op.

Cursist A stelt vragen. Cursist B geeft antwoord.
Cursist B schrijft de antwoorden van cursist A op.

Voorbeeld
Om 9 uur. Ik eet om negen uur.

1 Hoe laat eet je 's middags?   Om _één_ uur. / Ik eet om _____.
2 Hoe laat eet je 's avonds?   Om _8 of 9_ uur. / Ik eet om _____.
3 Je gaat eten in een restaurant. Om _____ uur. / Ik eet om _7 uur of 6 uur_
   Hoe laat eet je?
4 Je moet naar de Nederlandse les. Om _____ uur. / Ik ga om _17:45_ uur weg.
   Hoe laat ga je weg?

Wissel van rol.

8 Beantwoord de vragen.

Kijk naar de informatie in de televisiegids hieronder.
Welke drie programma's wil je graag zien?
Hoe laat beginnen de programma's? Hoe laat zijn de programma's afgelopen?

16.00 nieuws	**18.00** nieuws	**20.00** nieuws
16.10 sport	**18.30** talkshow	**20.25** film
16.40 jazz	**18.55** familieprogramma	**21.05** politiek
17.45 kinderprogramma	**19.35** kookprogramma	**22.15** autoprogramma
17.55 _____	**20.00** _____	**23.00** _____

Programma 1: _____
begint om _____ uur en is om _____ uur afgelopen.

Programma 2: _____
begint om _____ uur en is om _____ uur afgelopen.

Programma 3: _____
begint om _____ uur en is om _____ uur afgelopen.

9 Stel vragen en geef antwoord.

Cursist A vraagt en cursist B geeft antwoord.

Welk programma wil je zien?

Ik wil _____ zien.

Hoe laat begint het programma?

Het programma begint om _____

En hoe laat is het programma afgelopen?

Het programma is om _____ afgelopen.

Wissel van rol.

10 Stel vragen. Schrijf de antwoorden op <u>in cijfers</u>.

Cursist A stelt vragen aan cursist B. Cursist B schrijft het antwoord op.

Voorbeeld
Vraag: Wat is kwart voor negen 's avonds?   Antwoord: 20.45 uur.
Vraag: Wat is kwart over zes 's morgens?   Antwoord: 6.15 uur.
Enzovoort.

Controleer samen de antwoorden.

Wissel van rol.

• • • Afronden

11 Vul de agenda's in.

Wat doet Maarten op welke tijd?

Cursist A Vertel wat Maarten op maandag, woensdag en zaterdag doet.

Voorbeeld
Maarten heeft op dinsdag van 13.00 uur tot 15.00 uur rijles.

Cursist B Maak de agenda compleet.

Wissel van rol. Cursist B vertelt en cursist A schrijft op.

Cursist B Vertel wat Maarten op dinsdag, donderdag en vrijdag doet.

Cursist A Maak de agenda compleet.

Controleer samen de antwoorden.

Cultuur

Op tijd komen

**Lees de zinnen. Is het de gewoonte in Nederland?
En in jouw land? Kruis aan.**

		In Nederland	In mijn land
1	De les begint om tien uur. Je komt precies om tien uur.	☐	☐
2	Je gaat naar de verjaardag van een vriend. De vriend zegt hoe laat je moet komen.	☐	☐
3	Je hebt om negen uur een afspraak op je werk. Je kunt niet te laat komen. Je komt om 9.02 uur. Dan ben je te laat.	☐ ☐	☐ ☐
4	Je hebt om elf uur een afspraak met een vriendin. Om half twaalf komen is ook goed.	☐	☐
5	Je hebt om tien uur een afspraak met de huisarts. Om vijf over tien ben je te laat.	☐	☐
6	Een collega is jarig. Hij geeft een feest. Het feest begint om acht uur. Je kunt ook om half negen komen.	☐	☐

Vergelijk je antwoorden met twee medecursisten.

Bespreek samen de antwoorden.

Taak 3 Roosters en dienstregelingen lezen

Voorbereiden

1 Lees de vragen en kijk naar het rooster van sportschool Jumping Feet. Beantwoord de vragen.

1 Op welke dag(en) kun je bodyshape doen?

_____

2 Op welke dag(en) kun je fitness doen?

_____

3 Op welke dag(en) kun je steps doen?

_____

SPORTSCHOOL JUMPING FEET

januari t/m juni

	Maandag	Dinsdag	Woensdag	Donderdag	Vrijdag	Zaterdag / Zondag
Bodyshape	10.00-11.00 19.30-20.30		18.00-19.00 20.00-21.00		14.00-15.00 17.30-18.30	
Fitness	10.00-22.00	10.00-22.00	10.00-22.00	10.00-22.00	10.00-22.00	10.00-22.00
Steps	14.00-15.00 17.30-18.30	10.00-11.00 18.30-19.30		19.30-20.30 21.00-22.00		

2 Doe de opdrachten van Luisteren 1 bij Voorbereiden op de computer.

3 Doe de opdrachten van Luisteren 2 bij Voorbereiden op de computer.

4 Doe de opdrachten van Woorden bij Voorbereiden op de computer.

Routines

Tijd 2

Het is één uur. **Over een half** uur is het half twee.

- Wanneer hebben we vakantie?
- **Volgende week** hebben we vakantie.

- Hoe vaak heb je les?
- Twee keer **per week**.

De les is **van** half één **tot** twee uur.

- Hoe **lang** duurt de les?
- De les **duurt** anderhalf uur.

including

September **tot en met** (in schrijftaal: **t/m**) december.

5 Doe de opdrachten van Routines bij Voorbereiden op de computer.

Uitvoeren

6 **Bespreek samen de vragen.**

1. Hoe laat is het nu?
2. Hoe laat is het over een kwartier?
3. Hoe laat is het over een half uur?
4. Je hebt Nederlandse les van maandag tot donderdag. Hoeveel dagen heb je les?
5. Je hebt Nederlandse les van maandag tot en met donderdag. Heb je donderdag les?
6. Van hoe laat tot hoe laat is de les?

7 **Lees de vragen en kijk naar de dienstregeling van bus 85. Beantwoord de vragen.**

1. Op welke dagen gaat bus 85?

   Bus 85 gaat ___maandag tot en met___ van Ede naar Veenendaal.

2. Hoeveel keer per uur gaat de bus?

   Bus 85 gaat ___twee___ van Ede naar Veenendaal.

3 Hoe lang duurt de rit van station Ede naar centrum Veenendaal?

___

4 Je woont bij Station Ede-Wageningen. Je hebt om half vier een afspraak in Ziekenhuis Gelderse Vallei. Hoe laat moet je de bus vanaf station Ede-Wageningen nemen?

De bus gaat ___

5 Je zit in bus 85. Je bent op de Pakhuisweg in Ede. Het is 16.16 uur. Over hoeveel minuten ben je in Veenendaal Centrum?

Ik ben ___ in Veenendaal.

Bus 85	Van Station Ede-Wageningen naar Veenendaal-Centrum					
	Maandag t/m vrijdag					
Ede, Station Ede-Wageningen	14.01	14.31	15.01	15.31	16.01	16.31
Ede, Ziekenhuis Gelderse Vallei	14.06	14.36	15.06	15.36	16.06	16.36
Ede, Pakhuisweg	14.16	14.46	15.16	15.46	16.16	16.46
Veenendaal, State	14.19	14.49	15.19	15.49	16.19	16.49
Veenendaal-Centrum	14.25	14.55	15.25	15.55	16.25	16.55

• • • Afronden

8 **Lees de vragen en kijk in het (jaar)rooster van je school.
Beantwoord de vragen.**

1 Wanneer heb je vakantie? _____

2 Hoe lang heb je vakantie? _____

3 Zijn er nog andere vrije dagen? _____

Controleer samen de antwoorden.

TAAK 4 Iemand feliciteren met zijn verjaardag

• • • Voorbereiden

1   Kijk naar de foto's.

Verjaardagskalender

September

1	11	21
2	12 Mario	22
3	13	23
4 Anna	14	24
5	15	25
6	16	26
7	17	27 Stevano
8	18	28
9 Peter	19	29
10	10	30

2   Doe de opdrachten van Luisteren bij Voorbereiden op de computer.

3   Doe de opdrachten van Woorden bij Voorbereiden op de computer.

Routines

Feliciteren

- Hartelijk gefeliciteerd (met je verjaardag)!
- Dank je wel.

- Gefeliciteerd!
- Dank je wel.

- Hoe oud ben je geworden?
- 27.
- Ik ben 27 (jaar) geworden.

- Wanneer ben je jarig?
- Op 10 juli.

- Wanneer ben je geboren?
- Op 10 juli 1972.

Ik ben vandaag **jarig**.
Het is vandaag **mijn verjaardag**.
Ik vier vanavond **mijn verjaardag**.

4 Doe de opdrachten van Routines bij Voorbereiden op de computer.

5 **Wat hoort bij elkaar? Vul de goede letter in.**

1 Je wilt weten wanneer een vriendin jarig is. Wat vraag je? ___

2 Je man is jarig. Je feliciteert hem. Wat zeg je? ___

3 Een vriend vraagt: 'Wanneer ben je geboren?' Wat zeg je? ___

4 Een vriendin is jarig. Je wilt weten hoe oud ze nu is. Wat vraag je? ___

5 Een vriend vraagt: 'Wanneer ben je jarig?' Wat zeg je? ___

6 De zoon van een vriend is jarig. Het kind heet Tim. Wat zeg je tegen de vriend? ___

a Op 30 september.
b Hoe oud ben je geworden?
c Hartelijk gefeliciteerd.
d Gefeliciteerd met Tim.
e Op 3 december 1948.
f Wanneer ben je jarig?

• • • Uitvoeren

6 Doe de opdracht.

Cursist A
1 Cursist B is jarig. Feliciteer cursist B.
2 De dochter van cursist B is jarig. Feliciteer cursist B met haar dochter.
3 Cursist B heeft een nieuw huis. Feliciteer cursist B met het nieuwe huis.

Cursist B
1 Cursist A is jarig. Feliciteer cursist A.
2 Cursist A heeft een baby, een zoon. De baby is vandaag geboren. Feliciteer cursist A met de zoon.
3 Cursist A heeft een nieuwe auto. Feliciteer cursist A met de nieuwe auto.

7.1 Cursist A stelt vragen. Cursist B schrijft de antwoorden op.

1 Wanneer ben je geboren? _____
2 Waar ben je geboren? _____
3 Wanneer ben je jarig? _____
4 Hoe oud ben je? _____
5 Hoe oud is je broer of zus? _____
6 Je broer is jarig. Bel je hem? _____
7 Een vriend heeft een nieuwe mobiele telefoon. Feliciteer je hem? _____

7.2 Loop rond. Groet elkaar. Stel elkaar dan de vragen.

1 Wanneer ben je geboren?
2 Waar ben je geboren?
3 Wanneer ben je jarig?
4 Hoe oud ben je?

8 Schrijf een verjaardagskaart.

Een vriendin is jarig. Je feliciteert haar met haar verjaardag. Maak de verjaardagskaart compleet.

_____ Mihriban,
Je bent jarig!
_____!
_____ ben je geworden?
Tot zaterdag!

_____ ,
Annemarie

• • • Afronden

9 Schrijf een verjaardagskaart.

Mevrouw De Vos wordt 95 jaar. Je feliciteert haar met haar verjaardag. Maak de kaart compleet.

Dag mevrouw De Vos
U bent vandaag 95 jaar geworden.
_____ met uw
_____ !
Over vijf jaar bent u 100 jaar oud!

Hartelijke groeten,
mevrouw Van Veen

Cultuur
Verjaardagen

Verjaardagskalender
September

1 _____	11 _____	21 _____
2 _____	12 Mario	22 _____
3 _____	13 _____	23 _____
4 Anna	14 _____	24 _____
5 _____	15 _____	25 _____
6 _____	16 _____	26 _____
7 _____	17 _____	27 Stevano
8 _____	18 _____	28 _____
9 Peter	19 _____	29 _____
10 _____	10 _____	30 _____

Veel Nederlanders vieren hun verjaardag. Dat doen ze meestal thuis met familie en vrienden. Als je naar iemands verjaardag gaat, feliciteer je de jarige. Je neemt een cadeautje mee. Vaak feliciteren mensen ook de familie van de jarige, de vader, moeder broer of zus. Je zegt dan: Gefeliciteerd met je zus!
Veel Nederlanders hebben een verjaardagskalender. Die hangt vaak op de wc. Zo weet je altijd wanneer je vrienden jarig zijn.

Lees de vragen. Beantwoord de vragen.

1 Vieren mensen in jouw land hun verjaardag?
   _____

2 Waar doen ze dat?
   _____

3 Hoe doen ze dat?
   _____

Vergelijk je antwoorden met twee medecursisten.

Bespreek samen de antwoorden.

Slot

1 Maak een verjaardagskalender.

Maak samen een verjaardagskalender van de groep.

2 Luister naar je docent en schrijf de tijd op in cijfers.

Grammatica en spelling

Dit is de theorie bij Grammatica en spelling. De opdrachten staan op www.codeplus.nl, deel 1, hoofdstuk 2, Oefenen, Grammatica en spelling.

Taak 2

Vraagwoordvragen — *De zin*

vraagwoord	persoonsvorm	subject
1	2	3
Wie	ben	jij?
Wat	is	uw postcode?
Waar	woont	u?
Hoe	heet	je?
Wanneer	begint	de les?
Waarom	ga	je?

▶▶ Begint een vraag met een vraagwoord?
plaats 1 = vraagwoord
plaats 2 = persoonsvorm (pv)

Hoofdletters en leestekens — *De zin*

1 Een zin begint met een hoofdletter. (A, B, C enzovoort.)
2 Aan het einde van de zin staat een punt. (.)
3 Aan het einde van een vraagzin staat een vraagteken. (?)
4 De komma is een pauze binnen een zin. (,)

De les duurt van half twee tot drie uur**.**
Hoe laat is het**?**
Ja, ik ben bijna klaar**.**

Lezen en schrijven

1 Lees de vragen en de tekst. Beantwoord de vragen.

1 Op welke dagen kan Maria bodyshape doen?

_____

2 Op welke tijd?

_____

Maria
Maria werkt in een café. Ze werkt op maandagavond en dinsdagavond van zes uur tot twaalf uur. Ze werkt op woensdagmiddag van één uur tot zeven uur en ze werkt op vrijdagavond van zes uur tot twaalf uur. Ze doet drie keer per week bodyshape bij sportschool Jumping Feet.

SPORTSCHOOL JUMPING FEET
januari t/m juni

	Maandag	Dinsdag	Woensdag	Donderdag	Vrijdag	Zaterdag / Zondag
Bodyshape	10.00-11.00 19.30-20.30		18.00-19.00 20.00-21.00		14.00-15.00 17.30-18.30	
Fitness	10.00-22.00	10.00-22.00	10.00-22.00	10.00-22.00	10.00-22.00	10.00-22.00
Steps	14.00-15.00 17.30-18.30	10.00-11.00 18.30-19.30		19.30-20.30 21.00-22.00		

2 Je hebt een afspraak met James. Schrijf de afspraak op.

Het is maandag 15 juni. Je hebt over drie dagen een afspraak met James in restaurant Jimbani, om kwart over zeven.

afspraak met : _____

dag: _____

datum: _____

plaats: _____

tijd: _____

3 Lees de e-mail. Beantwoord de vragen.

1 Wie schrijft de e-mail? _____

2 Aan wie schrijft ze? _____

3 Wie is jarig? _____

4 Hoe oud is hij? Kruis aan.
- ☐ 3
- ☐ 13
- ☐ 30

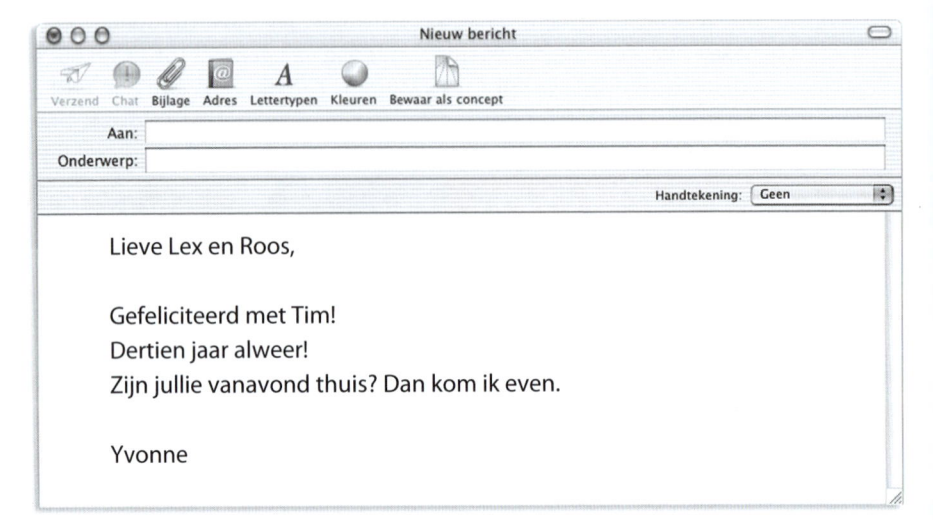

Lieve Lex en Roos,

Gefeliciteerd met Tim!
Dertien jaar alweer!
Zijn jullie vanavond thuis? Dan kom ik even.

Yvonne

---

4 Lees de tekst en schrijf een e-mail. Geef de e-mail aan je docent.

Esther is je docent Nederlands. Ze heeft een baby gekregen. Je wilt haar feliciteren.

Geboren op 12 februari 2011:

Oscar

zoon van Lucas Venema en Esther Jacobs

Plantsoenlaan 22, 1123 AN Tilburg, 06-47512371, Jacobs@hetnet.nl

⊙ ⊙ ⊙	Nieuw bericht	
Verzend Chat **Bijlage** Adres Lettertypen Kleuren Bewaar als concept		
Aan:		
Onderwerp:		

Handtekening: Geen

Beste Esther,

Hoofdstuk 3 Wat eten we vanavond?

Dit hoofdstuk gaat over eten en drinken.

Introductie	52	
Taak 1	Zeggen wat je lekker of niet lekker vindt	53
Taak 2	Eten kopen	58
Taak 3	Vragen of iemand iets wil drinken	63
Taak 4	Telefonisch eten bestellen	66
Slot	69	
Grammatica en spelling	71	
Lezen en schrijven	72	

Introductie

Wat hoort bij elkaar? Vul de goede letter in.

1 _____   2 _____

3 _____   4 _____

a De vrouw is bij de bakker. Ze koopt een brood.
b De man en de vrouw eten in een restaurant.
c De man en de vrouw zijn thuis. Ze drinken een glas wijn.
d De man werkt bij de pizzeria. De man bezorgt pizza's.

TAAK 1 Zeggen wat je lekker of niet lekker vindt

• • • Voorbereiden

1 **Lees de vragen. Beantwoord de vragen.**

   1 Wat eet jij bij het ontbijt? Kruis aan. _Frühstück_
      - ☒ brood
      - ☒ kaas
      - ☐ fruit
      - ☐ yoghurt
      - ☐ rijst
      - ☐ _____

   2 Wat drink jij bij het ontbijt? Kruis aan.
      - ☐ koffie
      - ☐ thee
      - ☒ water
      - ☐ melk
      - ☐ _____

2 **Doe de opdrachten van Luisteren bij Voorbereiden op de computer.**

3 **Lees de vragen en de tekst. Beantwoord de vragen.**

   1 Wat is hartig? Wat is zoet? Zet de volgende woorden op de goede plaats:
   kaas - jam - hagelslag - olijven - chips - patat - vleeswaren - pinda's - koekjes - chocola

hartig	zoet
kaas	koekjes
olijven	jam
chips	hagelslag
patat	pinda's
vleeswaren	chocola

2 Kijk in de tekst. Wat vindt Anne lekker? Wat vindt Paul lekker? Wat vinden ze niet lekker? Schrijf de woorden in de tabel.
appels - bananen - brood met jam - brood met kaas - brood met hagelslag - brood met vleeswaren - chips - koekjes - olijven - patat - pinda's - pizza - rijst - zoet - hartig

naam	lekker	niet lekker
Anne	jam	kaas
	hagelslag	pinda's
	chips	olijven
	patat	rijst
	hartig	
Paul	appels, bananen	brood met jam
	hartig	br
	kaas	
	pinda's	
	pizza	
	koekjes	

3 Kijk in de tekst. In welke zin staat iets over 'lekker' of 'niet lekker'? Schrijf die zinnen in de tabel.

lekker	niet lekker
Ze eet liever	Anne houdt niet van kaas.
Zoet vindt ze heerlijk	Hij lust geen
Anne vindt lekker	
Paul houdt van	
Paul eet wel zoet	
hij heeft liever	
hij eet	

Controleer samen de antwoorden.

Zoet of hartig?

Anne houdt niet van kaas. Ze eet liever zoet op brood: jam bijvoorbeeld, of hagelslag. Zoet vindt ze heerlijk!
Anne vindt hartig ook lekker; ze is bijvoorbeeld gek op chips en patat, maar pinda's vindt ze niet zo lekker. En ze houdt ook niet van olijven en rijst.

Paul houdt van hartig. Kaas vindt hij lekker, pinda's ook. Hij houdt ook van pizza. Paul eet wel zoet, maar niet op brood. Hij lust geen brood met jam, hij heeft liever kaas of vleeswaren. Fruit vindt hij wel lekker: bananen en appels bijvoorbeeld. En hij eet ook graag koekjes!

4 Doe de opdrachten van Woorden bij Voorbereiden op de computer.

Routines

Lekker en niet lekker
Paul **vindt** koffie **lekker**.
Anne **houdt van** jam.
Paul **heeft liever** kaas.
Anne **lust geen** olijven.
Ik **ben gek op** patat!
Ik **eet graag** brood.
Heerlijk!

Anne **vindt** zoute pinda's **niet lekker**.
Ik **houd niet van** zoet op brood.
Bah! (i)

5 Doe de opdrachten van Routines bij Voorbereiden op de computer.

• • • Uitvoeren

6.1 Wat vind jij lekker en wat vind je niet lekker? Kruis aan.

	heerlijk	lekker	niet zo lekker	bah!
appels				
bananen				
fruit				
chips				
brood				
koekjes				
groente				
sperziebonen				
koffie				
thee				
zoet				
jam				
vlees				
kaas				
vleeswaren				
gehakt				
rijst				

6.2 Vraag wat je medecursist lekker of niet lekker vindt.

Voorbeeld
A: Vind jij appels lekker?
B: Ja, ik ben gek op appels.
B: Houd jij van koffie?
A: Nee, ik houd niet van koffie.

Wissel van rol.

• • • Afronden

7 Lees de e-mail en schrijf terug.

Je gaat morgen bij Angela eten. Je krijgt een e-mail van Angela.

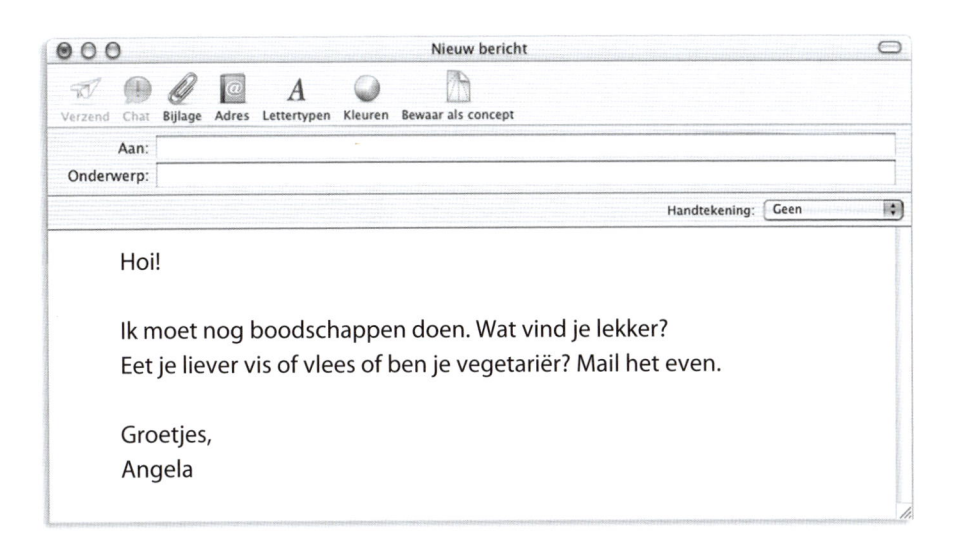

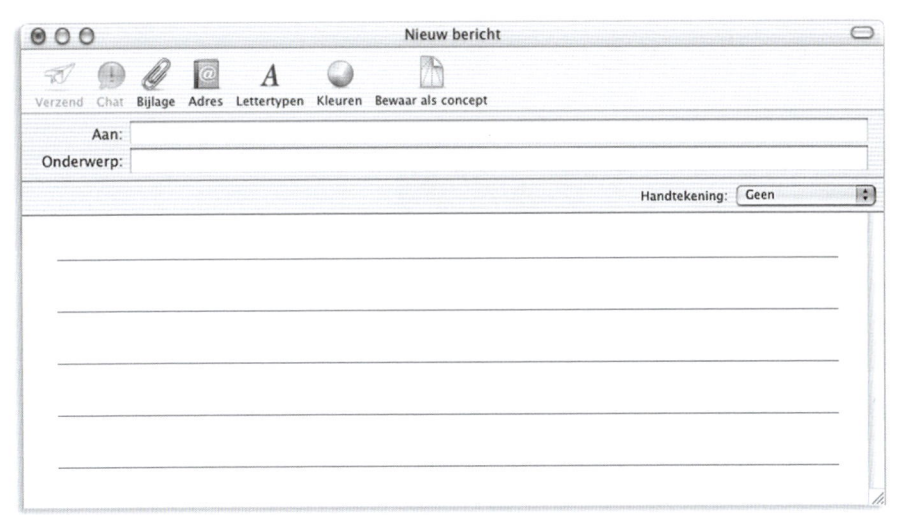

Nieuw bericht

Aan:
Onderwerp:

Handtekening: Geen

Hoi!

Ik moet nog boodschappen doen. Wat vind je lekker?
Eet je liever vis of vlees of ben je vegetariër? Mail het even.

Groetjes,
Angela

Nieuw bericht

Aan:
Onderwerp:

Handtekening: Geen

---

8 Kijk wat je in de kantine van je school of je werk kunt kopen.

Schrijf drie dingen op die je lekker vindt. Wat kosten ze?

TAAK 2 Eten kopen

• • • **Voorbereiden**

1 Kijk naar foto's en lees de vragen. Wat hoort bij elkaar? Vul de goede letter in.

1 Wat voor winkel is dit?

1 _a_   2 _c_

3 _b_

a een supermarkt
b een bakker
c een groentewinkel

kaaswinkel
in/bij de viswinkel
bij/in de supermarkt
op de markt
bij de slager
bij de groenteboer

2   Wat koop je bij deze winkel?

1 _b_   2 _c_

3 _a_   4 _d_

a   Je koopt hier brood.
b   Je koopt hier groente en fruit.
c   Je koopt hier vis.
d   Je koopt hier vlees.

2   Doe de opdrachten van Luisteren bij Voorbereiden op de computer.

3 Lees de vraag en de tekst. Beantwoord de vraag.

In welke winkel koopt Demi deze producten? Kruis aan.

	supermarkt	markt	andere winkels
vis	☐	☒	☐
rijst	☒	☐	☐
kaas	☐	☒	☐
toiletpapier	☒	☐	☐
brood	☐	☐	☒
fruit	☐	☒	☐
vlees	☐	☐	☒
eieren	☒	☐	☐
melk	☒	☐	☐

Dewi Chen doet boodschappen

Dewi Chen doet haar boodschappen op de markt, in de supermarkt en bij andere winkels. Ze koopt fruit, kaas en vis op de markt. Brood koopt ze bij de bakker en vlees koopt ze bij de slager. Andere boodschappen (bijvoorbeeld rijst, eieren, melk en toiletpapier) doet ze in de supermarkt.

4 Doe de opdrachten van Woorden bij Voorbereiden op de computer.

Routines

Iets kopen op de markt of in een winkel
- Wie is er aan de beurt?
- Ik. Twee kilo appels, alstublieft.

- Wat mag het zijn? *Bonnetje erbij?*
- Twee bruin, alstublieft.

- Anders nog iets?
- Nee, dank u. Anders niets.

- Dat was het?
- Ja (dank u), dat was het.

- Tasje erbij?
- Ja, graag!

Routines

Het gewicht
een kilo = 1000 gram
een pond = 500 gram
een ons = 100 gram

5   Doe de opdrachten van Routines bij Voorbereiden op de computer.

• • • Uitvoeren

6.1   Pieter doet boodschappen. Wat koopt hij?

Je krijgt een kaartje met informatie van de docent. Loop rond. Stel elkaar vragen en maak de tekst compleet.

Pieter doet boodschappen.

Hij gaat naar de markt. Hij koopt een kilo _appels_, een pond bananen en kaas.

Bij de bakker koopt Pieter _bruin brood_ en een half wit.

Bij de bakker koopt hij ook _een pond_ koekjes.

Hij gaat naar de slager en koopt een _pond gehakt_ en _drij ons_ vleeswaren.

Bij de groentewinkel koopt Pieter _tomaten_, champignons en sperziebonen.

In de supermarkt koopt hij eieren, _pasta_, jam en melk.

6.2   Lees de tekst van 6.1. Wat eet Pieter vanavond?

a   aardappels met vlees en sperziebonen
b   pasta met gehakt en tomaten
c   kip met rijst en groente

7.1   Wat eet en drink jij vanavond? Maak een boodschappenlijstje.

7.2 Vraag welke boodschappen je medecursist nodig heeft.

Cursist A is de verkoper. Cursist B gaat eten kopen bij cursist A en gebruikt het lijstje van opdracht 7.1.

A: Wie is er aan de beurt?   B: _____

A: Wat mag het zijn?   B: _____

A: Anders nog iets?   B: Ja, _____

A: Dat was het?   B: Ja _____

Wissel van rol.

8 Doe boodschappen bij elkaar.

Een deel van de cursisten gaat eten verkopen op de markt. De andere cursisten gaan boodschappen bij ze doen.

Cursist A verkoopt groente en fruit.
Cursist B verkoopt kaas.
Cursist C verkoopt brood.
Cursist D verkoopt vlees.
Cursist E verkoopt vis.
De andere cursisten gaan boodschappen doen. Koop de boodschappen van je lijstje van opdracht 7.1.

Wissel van rol.

• • • Afronden

9 Ga naar een winkel (de bakker, de slager) of naar de markt.

Luister naar wat de verkoper zegt. Schrijf op.

Zinnen die je kunt horen zijn:
- Goedemorgen.
- Wie is er aan de beurt?
- Wat mag het zijn?
- Anders nog iets?
- Dat was het?
- Tasje erbij?
- Dankuwel.
- Tot ziens.

Taak 3 Vragen of iemand iets wil drinken

• • • Voorbereiden

1 Wat kun je drinken? Kruis aan.

- ☐ brood
- ☒ water
- ☐ koekjes
- ☒ koffie
- ☐ eieren
- ☒ wijn
- ☒ bier
- ☒ thee
- ☐ appels
- ☒ melk
- ☐ vlees
- ☒ frisdrank

2 Doe de opdrachten van Introductie op taak bij Voorbereiden op de computer.

3 Doe de opdrachten van Luisteren bij Voorbereiden op de computer.

4 Doe de opdrachten van Woorden bij Voorbereiden op de computer.

Routines

Iets aanbieden en reageren

- Wil je wat drinken?
- Ja, lekker.

- Biertje?
- Nee, dank je.

- Wat willen jullie drinken?
- Een biertje, graag. / Ik heb zin in een kopje thee.   *Ik heb geen zin...*

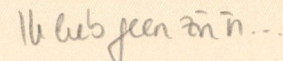

- En jij? Ook een biertje?
- (Nee, dank je.) Liever iets fris, alsjeblieft. Doe (mij) maar cola.

5 Doe de opdrachten van Routines bij Voorbereiden op de computer.

• • • Uitvoeren

6.1 Wat drink je? Schrijf op.

Bij het ontbijt	Op school of werk	Bij het avondeten	In een café
water			koffie

6.2 Bespreek samen de antwoorden.

7 Vraag wat je medecursist wil drinken.

Cursist A stelt vragen en cursist B geeft antwoord. Gebruik de informatie tussen haakjes.

A: Wil je iets drinken?
B: *Ja, graag.* (Je wilt iets drinken.)
A: Wil je koffie?
B: *Nee, ik.* (Je wilt thee.) *wil liever een thee.*
A: Glaasje wijn?
B: *Nee, ik.* (Je wilt fris.) *wil liever iets fris.*
A: Wat wil je drinken?
B: *Doe mij* (Je wilt bier.) *maar een biertje.*

Wissel van rol.

8 Kijk naar de illustratie en maak twee cirkels.

Maak twee cirkels, een binnencirkel en een buitencirkel. Groet de cursist die tegenover je zit. Bied de cursist iets te drinken aan. Schuif daarna één plaats naar rechts op. Herhaal de opdracht.

Voorbeeld
A: Hoi Arno.
B: Ha, Ferry!
A: Wil je iets drinken?
B: Ja, lekker.
A: Wil je koffie of thee?
B: Koffie, graag.
A: Alsjeblieft, een kopje koffie.
B: Dank je wel.

Afronden

9 Wat hoor je? Kruis aan.

Luister nog een keer naar het gesprek van opdracht 3.

- ☐ Wil je wat drinken?
- ☐ Nee, dank je, ik heb geen dorst.
- ☐ Biertje?
- ☐ Ja, lekker, koffie.
- ☐ Wat willen jullie drinken?
- ☐ Nee, liever iets fris.
- ☐ Proost!

TAAK 4 Telefonisch eten bestellen

• • • Voorbereiden

1 Waar kun je telefonisch eten bestellen? Kruis aan.

☐ bij de bakker
☐ op de markt
☒ bij de pizzeria
☐ bij de slager
☐ bij de supermarkt
☒ bij de Chinees
en bij: _____

2 Kijk naar de menukaart. Welke pizza wil jij? Kruis aan.

Menukaart
Pizzeria La Bella Italia
bezorgen: 020 – 9235270

Pizza's

☐ 1 Margharita – tomaat en kaas	€ 6,50
☐ 2 Hawaï – tomaat, kaas en ananas	€ 7,50
☐ 3 Vegetale – tomaat, drie soorten groente en kaas	€ 8,50
☐ 4 Milano – tomaat, kaas, salami	€ 8,00
☐ 5 Milano speciale – tomaat, kaas, salami, groente en champignons	€ 9,00
☐ 6 Marinara – tomaat, vis en kaas	€ 9,50
☐ 7 Quattro Formaggi – tomaat en vier soorten kaas	€ 10,00
☐ 8 Pizza dello Chef – tomaat, groente, champignons, kip en twee soorten kaas	€ 10,50

3 Doe de opdrachten van **Luisteren** bij **Voorbereiden** op de computer.

4 Doe de opdrachten van **Woorden** bij **Voorbereiden** op de computer.

• • • Uitvoeren

5.1 Bestel telefonisch een pizza.

Je belt de pizzeria. Wat zegt de man van de pizzeria eerst? Wat zeg jij dan? Geef elke zin een nummer: 1, 2, 3, 4, 5 en 6.

___ Goedenavond, Pizzeria Pinocchio.

___ Dat kan. Welke pizza's wilt u?

___ Wat is uw adres?

___ Goedenavond. Ik wil graag drie pizza's bestellen.

___ Een pizza Hawaï, een pizza Vegetale en een pizza Milano, alstublieft.

___ Parkstraat 84.

5.2 Lees het gesprek van opdracht 5.1 hardop.

6.1 Bestel telefonisch boodschappen.

Je viert je verjaardag en wilt veel kopen. Je belt de bezorgservice van je supermarkt. Bestel de boodschappen.

Wat zeg de man van de bezorgservice eerst? Wat zeg jij dan? Geef elke zin een nummer: 1, 2, 3, 4, ... 8.

___ Stationsweg 23.

___ Oké, ik kom de boodschappen vanmiddag bezorgen.

___ Goedemorgen, met Eric Mast. Ik wil graag boodschappen bestellen.

___ Dat kan. Wat is uw adres?

___ Zegt u het maar.

___ Een kilo kaas, een pond pinda's, vier witte wijn, 24 biertjes, vijf cola.

___ Dank u wel.

___ Goedemorgen Alberto's bezorgservice.

6.2 Lees samen het gesprek hardop.

Cursist A is de verkoper van opdracht 6.1. Cursist B is de klant van opdracht 6.1.

Wissel van rol.

7 Bestel telefonisch een pizza.

Draai de stoelen om. Jullie zien elkaar niet. Cursist A werkt bij pizzeria La Bella Italia, cursist B is klant. Gebruik de menukaart van pizzeria La Bella Italia.

A: La Bella Italia, goedenavond.

B: Goedenavond. _____

A: Welke pizza wilt u?

B: _____

A: Oké. Wat is uw adres?

B: _____.

    Hoe laat is de pizza hier?

A: _____

B: Oké, dat is goed. Goedenavond!

A: _____

Wissel van rol.

• • • Afronden

8 Luister naar de tekst.

Je hoort hoe het gesprek van opdracht 7 kan gaan.

Cultuur

Eten & drinken

Nederlanders eten bij het ontbijt en de lunch meestal brood. Dat brood is gesneden in boterhammen, of ze eten kleine broodjes. Op het brood doen ze kaas, vleeswaren of jam, hagelslag en ander zoet. Bij het ontbijt en de lunch drinken Nederlanders vaak thee, koffie of melk.

Het avondeten is meestal warm: groente en aardappels met vlees of vis. Maar Nederlanders eten ook vaak pasta of rijst. Bij het warme eten drinken Nederlanders water, wijn of bier. De meeste Nederlanders eten 's avonds tussen 18.00 uur en 20.00 uur.

Lees de vragen. Beantwoord de vragen.

1 Hoe laat eet jij?

Ik eet mijn ontbijt om _____ uur.

Ik eet mijn lunch om _____ uur.

Ik eet mijn avondeten om _____ uur.

2 Wat eet jij bij het ontbijt, de lunch en het avondeten?

ontbijt	lunch	avondeten

Vergelijk je antwoorden met twee medecursisten.

Bespreek samen de antwoorden.

Slot

1 **Doe de opdracht bij Slot op de computer.**

2 **Maak een boodschappenlijstje.**

Je bent over twee weken jarig. Vrienden komen eten. Wat gaan jullie eten en drinken? Maak samen een boodschappenlijstje. Wat koop je? En in welke winkel koop je de boodschappen?

boodschappen	winkel

Cultuur

Nederland eet multiculti

Nederland heeft een speciale band met Indonesië en Suriname. Veel mensen uit die landen wonen al heel lang in Nederland. Zo komen de loempia en de nasi goreng (gebakken rijst) in de Nederlandse keuken. Uit Suriname kennen we roti: een pannenkoek met vlees, groente en aardappel. In een goed Indonesisch restaurant kun je een rijsttafel eten: rijst met wel tien of meer aparte kleine gerechten. Heerlijk! Ook nieuwe mensen uit andere landen als Marokko en Turkije nemen hun eten mee. Veel Nederlanders houden erg van buitenlands eten. Misschien omdat de Nederlandse keuken niet zo bijzonder is?

Bespreek samen de vragen.

1. Heb je wel eens een rijsttafel gegeten?

2. Heb je wel eens roti gegeten?
3. Houd je van Nederlands eten?
4. Houd je van buitenlands eten?
5. Eten mensen in jouw land eten uit andere landen?

Grammatica en spelling

Dit is de theorie bij Grammatica en spelling. De opdrachten staan op www.codeplus.nl, deel 1, hoofdstuk 3, Oefenen, Grammatica en spelling.

Taak 1

De vraagzin			De zin
Ja/nee-vragen			
persoonsvorm		*subject*	
1	2	3	
Lust	je	appels?	
Wil	je	wat drinken?	
Vindt	ze	kip lekker?	

▶▶ Heeft de vraag als antwoord ja of nee?
plaats 1 = persoonsvorm (pv)
plaats 2 = subject

'De', 'het' en 'een' — Het artikel
de-woorden
de appel   een appel
de banaan   een banaan

het-woorden
het ei   een ei
het brood   een brood

Ik koop een wit brood en een bruin brood.
Wil je een appel of een banaan?

Ik koop een pizza. De pizza is hartig.
Ik eet een ei. Het ei is niet lekker.

▶▶ De meeste woorden zijn de-woorden.

Je kunt het artikel (lidwoord) in het woordenboek opzoeken.

Taak 2

> **'Niet' of 'geen'**   **De negatie**
>
> **niet**
> Dat is duur.   Dat is **niet** duur.
> Ik hou van koffie.   Ik hou **niet** van koffie.
> Paul vindt kaas lekker.   Paul vindt kaas **niet** lekker.
>
> **geen**
> 1a Anne wil   **een**   koekje.
> 1b Anne wil   **geen**   koekje.
>
> 2a Ik eet   _____ vis.
> 2b Ik eet   **geen**   vis.
>
> ▶▶ **Geen** staat altijd vóór een substantief.
>   een + substantief → geen + substantief (1a en 1b)
>   _____ + substantief → geen + substantief (2a en 2b)
>
> ▶▶ **Niet** gebruik je in alle andere gevallen.
>
> Let op:
> Anne wil een koekje.   → Anne wil **geen** koekje.
> Anne wil het koekje.   → Anne wil het koekje **niet**.
>
> Ze eet vis.   → Ze eet **geen** vis.
> Ze vindt vis lekker.   → Ze vindt vis **niet** lekker.

Lezen en schrijven

1 Lees de vragen en de tekst. Beantwoord de vragen.

1 Martijn en Janneke eten drie keer per week vis.
    a waar
    b niet waar

2 Wat doet Martijn?
    a boodschappen
    b eten koken
    c eten

3   Vindt Janneke fruit lekker?
   (a) ja
    b   nee

Eten met ... Martijn en Janneke

Martijn en Janneke eten twee keer per week geen vlees. Ze eten dan vis. Janneke doet de boodschappen en ze kookt ook het eten. Martijn eet graag rijst. Janneke vindt alles lekker. Hun zoon Gijs van twee jaar houdt van brood en fruit. Soms gaan ze naar een restaurant. Dat vindt Gijs ook leuk!

2   Wat eet je en wat drink je? Schrijf een tekst.

Wat eet en drink je bij de maaltijden (ontbijt, lunch en avondeten)?

Bij het ontbijt eet Ik muesli en drink water. Ik houd van koffie waar levers na de middag. Bij het lunch Ik et salade of Ik kooke pasta, rijs of aardappels. Vanavond eet Ik brood med kaas en drink thee.

Hoofdstuk 4 We gaan verhuizen

Dit hoofdstuk gaat over huizen en meubels.

Introductie	76	
Taak 1	Praten over je huis	77
Taak 2	Informatie over huizen begrijpen en bespreken	81
Taak 3	Je mening geven over meubels	87
Taak 4	Een afspraak maken om een huis te bekijken	90
Slot	92	
Grammatica en spelling	93	
Lezen en schrijven	96	

Introductie

Kijk naar de foto's. Wat hoort bij elkaar? Vul de goede letter in.

1 _c_

2 _a_

3 _d_

4 _b_

5 _e_

a het rijtjeshuis
b het appartement
c het flatgebouw, de flat
d de villa
e de woonboot

Taak 1 Praten over je huis

• • • Voorbereiden

1 Bekijk de tekening. Wat hoort bij elkaar? Vul de goede letter in.

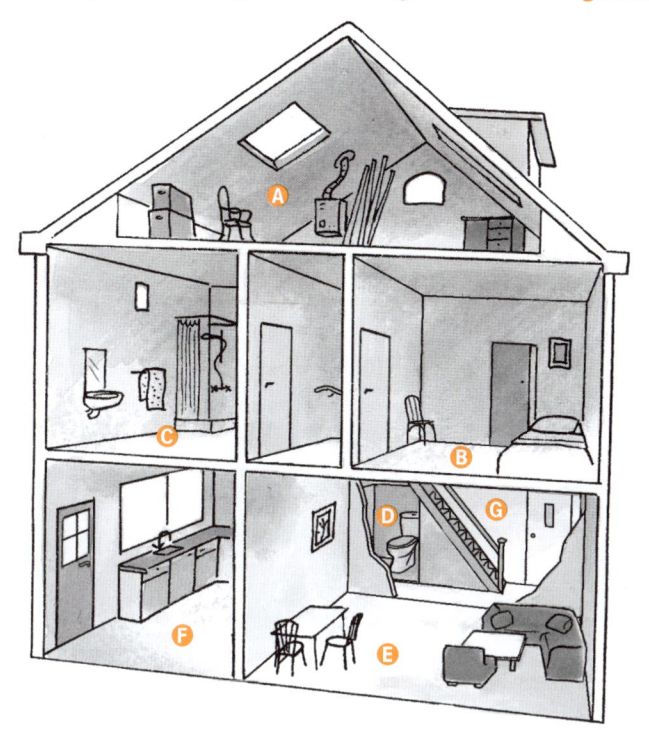

1 _C_ de badkamer
2 _F_ de keuken
3 _B_ de slaapkamer
4 _E_ de woonkamer
5 _D_ de wc
6 _A_ de zolder
7 _G_ de hal

2 Doe de opdrachten van Luisteren bij Voorbereiden op de computer.

3 Doe de opdrachten van Woorden bij Voorbereiden op de computer.

Routines

Beschrijven
Het is een appartement.
Mijn kamer is een beetje klein.
Het huis heeft vijf kamers.
We hebben veel grote ramen.
Er is een kleine hal bij mijn kamer.
Er zijn drie slaapkamers.

Routines

Een mening geven
Ik **vind** mijn huis **fijn**. ☺   Ik **vind** het huis **niet fijn**. ☹
We **vinden** ons huis **prettig**. ☺   We **vinden** het huis **niet prettig**. ☹
Ik **ben** heel **blij met** mijn kamer. ☺ Ik **ben niet blij met** mijn kamer. ☹

4   **Doe de opdrachten van Routines bij Voorbereiden op de computer.**

Uitvoeren

5   **Praat samen over de huizen.**

Cursist A maakt een zin. Cursist B maakt een zin. Enzovoort.

6.1   Hoe woon jij? Lees de vragen. Beantwoord de vragen.

1   Wat voor soort huis is het?
    ⓐ een appartement
    b   een rijtjeshuis
    c   een woonboot
    d   iets anders: _____

2   Is het huis groot of klein?
    a   groot
    b   niet groot en niet klein
    ⓒ klein

3   Is het huis duur of goedkoop?
    ⓐ duur
    b   niet duur en niet goedkoop
    c   goedkoop

4 Welke kamers heeft het huis?

__1__ woonkamer

__1__ slaapkamer(s)

__0__ werkkamer(s)

5 Heeft het huis een bad of een douche?
   a een bad
   (b) een douche
   c een bad en een douche

6 Hoe groot is de keuken?
   (a) klein
   b niet klein en niet groot
   c groot

7 Heeft het huis een tuin of een balkon?
   a een tuin
   (b) een balkon
   c een tuin en een balkon

8 Staat het huis in een stad of in een dorp?
   (a) in een stad
   b in een dorp

9 Wat vind je van je huis?
   a fantastisch
   (b) fijn / prettig
   c niet zo fijn / niet zo prettig

6.2 Praat met een medecursist over je huis.

Cursist A Stel de vragen van opdracht 6.1 aan cursist B.
Cursist B Geef antwoord.

Wissel van rol.

7 Wat is jouw ideale huis? Bespreek samen de vragen.

1 Wat voor soort huis is het?
2 Hoe groot is het?
3 Hoeveel kamers heeft het? Welke kamers zijn er?
4 Is er een tuin of balkon?
5 Is het in een stad of in een dorp?

Cultuur

Eenpersoonshuishoudens in Nederland

	Aantal woningen met één persoon	Gemiddeld aantal mensen in één huis
1970	679.000	3,21
1980	1.085.000	2,78
1990	1.813.000	2,42
2000	2.272.000	2,30
2010	2.670.000	2,22

Kruis aan.

	Nederland	Mijn land
Veel mensen wonen alleen.		
Er wonen veel mensen in één huis.		
Gezinnen zijn groot.		
De huizen zijn groot.		

Lees de vragen. Beantwoord de vragen.

1 Hoe groot zijn de gezinnen in jouw land?

2 Wonen er mensen alleen in jouw land? Waarom wel? Waarom niet?

Vergelijk je antwoorden met twee medecursisten.

Bespreek samen de antwoorden.

••• Afronden

8 Schrijf over je ideale huis.

Gebruik de vragen bij opdracht 7. Geef je tekst aan je docent.

TAAK 2 Informatie over huizen begrijpen en bespreken

• • • Voorbereiden

1.1 Kijk naar de advertenties. Zet ze in de goede volgorde.

1 _c_ (groot)
2 _a_
3 _d_
4 _b_ (klein)

a **Vierkamerappartement**,
95 m², balkon, eerste verdieping,
€ 319.000.

b **Tweekamerappartement**,
38 m², tweede verdieping, balkon,
€ 355 per maand.

c **Vijfkamer eengezinswoning**,
tuin, 110 m², € 950 per maand.

d **Driekamer woonboot**,
60 m² € 250.000.

1.2 Kijk naar de advertenties bij opdracht 1.1. Kruis aan: te koop of te huur?

	TE KOOP	TE HUUR
advertentie a	☒	☐
advertentie b	☐	☒
advertentie c	☐	☒
advertentie d	☒	☐

2 Doe de opdrachten van Luisteren bij Voorbereiden op de computer.

3 Doe de opdrachten van Woorden bij Voorbereiden op de computer.

Routines

Sorry zeggen

Het spijt me.
Sorry.
Dat is heel jammer voor u.
Helaas.

Reageren
Helaas.
Wat jammer!
Dat is (zeker) jammer.

4 **Doe de opdrachten van Routines bij Voorbereiden op de computer.**

Uitvoeren

5 **Lees de vragen en de tekst. Beantwoord de vragen.**

1. Je wilt een woning zoeken via Woningnet. Hoe kun je je inschrijven?
   a via www.woningnet.nl
   b via het Woningnetmagazine

2. Je woont alleen. Kun je alle huizen uit het Woningnetmagazine huren?
   a ja
   b nee

3. Je bent 33. Kun je alle huizen uit het Woningnetmagazine huren?
   a ja
   b nee

4. Je hebt een hoog salaris. Je wilt een goedkoop huis huren. Kan dat?
   a ja
   b nee

5. Je wilt een huis graag hebben. Kun je per telefoon en via internet reageren?
   a ja
   b nee

Een huurwoning zoeken via Woningnet

Inschrijven
U vult eerst een formulier in via www.woningnet.nl; u krijgt dan een nummer. Met dat nummer kunt u reageren op de huizen uit het Woningnetmagazine.

Reageren
U ziet een mooi huis en u wilt reageren. U moet op het volgende letten:

Voor hoeveel mensen is het huis?	In veel huizen moeten twee of drie personen wonen.
Wat is uw leeftijd?	Een aantal huizen is voor mensen van 60 jaar en ouder. Een aantal huizen is voor mensen van 18 - 22 jaar.
Wat is uw salaris?	Met een hoog salaris mag u geen goedkoop huis huren en met een laag salaris geen duur huis.

U wilt een huis graag hebben. Dan kunt u reageren:
- per telefoon: 0900 – 6230;
- via internet: www.woningnet.nl.

6   Welke woning mogen deze mensen huren? Vul de goede letter in.

1 Tom en Nienke, 23 en 24 jaar. Salaris € 25.000 per jaar. Huur: niet meer dan € 550 per maand.

2 Mark, Suzi, Iris, 25, 28 en 1 jaar. Salaris: € 31.000 per jaar. Huur: niet meer dan € 500 per maand.

3 Elton en Jacky, 63 jaar. Huur: niet meer dan € 400 per maand.

4 Mark: 27 jaar. Huur: niet meer dan € 350 per maand.

5 Mohammed en Layla, 19 en 20 jaar. Huur: niet meer dan € 350 per maand.

a Tweekamerwoning, leeftijd 18 - 22 jaar, 1-2 personen. Huur: € 334 per maand.

b Tweekamerwoning, 1 persoon. Huur: € 321 per maand.

c Tweekamerwoning, 1 - 2 personen, leeftijd minimaal 60 jaar. Huur € 380 per maand.

d Vierkamerwoning, 2 - 3 personen. Huur: € 490 per maand. Salaris: meer dan € 28.000 per jaar.

e Driekamerwoning, minimaal 2 personen. Huur € 449. Salaris niet meer dan € 30.000 per jaar.

7.1 Lees samen de gesprekken hardop.

Gesprek 1
A: Hallo, ik zoek een woning in een grote stad.
B: Wat voor soort woning zoekt u?
A: Ik zoek een appartement met twee kamers.
B: Voor hoeveel personen?
A: Ik woon samen, dus voor twee personen.
B: Hoeveel kunt u maximaal betalen?
A: € 650 per maand.
B: Dan heb ik een mooie woning voor u.
A: Dat is fijn, dank u.

Gesprek 2
A: Hallo, ik zoek een woning in een dorp.
B: Wat voor soort woning zoekt u?
A: Ik zoek een huis met vijf kamers.
B: Voor hoeveel personen?
A: Voor een gezin met vijf personen.
B: Helaas, ik heb een woning voor maximaal drie personen.
A: Dat is jammer.
B: Het spijt me. Succes met verder zoeken.
A: Dank u wel.

7.2 Loop rond en zoek een woning.

Van de docent krijg je een kaartje. Cursist A zoekt een woning (huurder). Cursus B heeft een woning te huur (woning). Loop rond, stel vragen en geef antwoord. Cursist A loopt rond tot hij een woning vindt. Cursist B loopt rond tot iemand zijn woning vindt.

7.3 Vertel de docent welke huurders bij welke woningen horen. Controleer samen de antwoorden.

• • • Afronden

8 Doe de opdrachten van Luisteren bij Afronden op de computer.

9 Schrijf een advertentie.

Jouw huis is te koop / te huur. Schrijf een advertentie. Schrijf over:
- het soort huis
- stad / dorp
- de prijs
- het aantal m^2
- het aantal kamers
- bad / douche
- tuin / balkon

Schrijf in hele zinnen. Geef de tekst aan je docent.

Taak 3 Je mening geven over meubels

• • • Voorbereiden

1 Wat hoort bij elkaar? Vul de goede letters in.

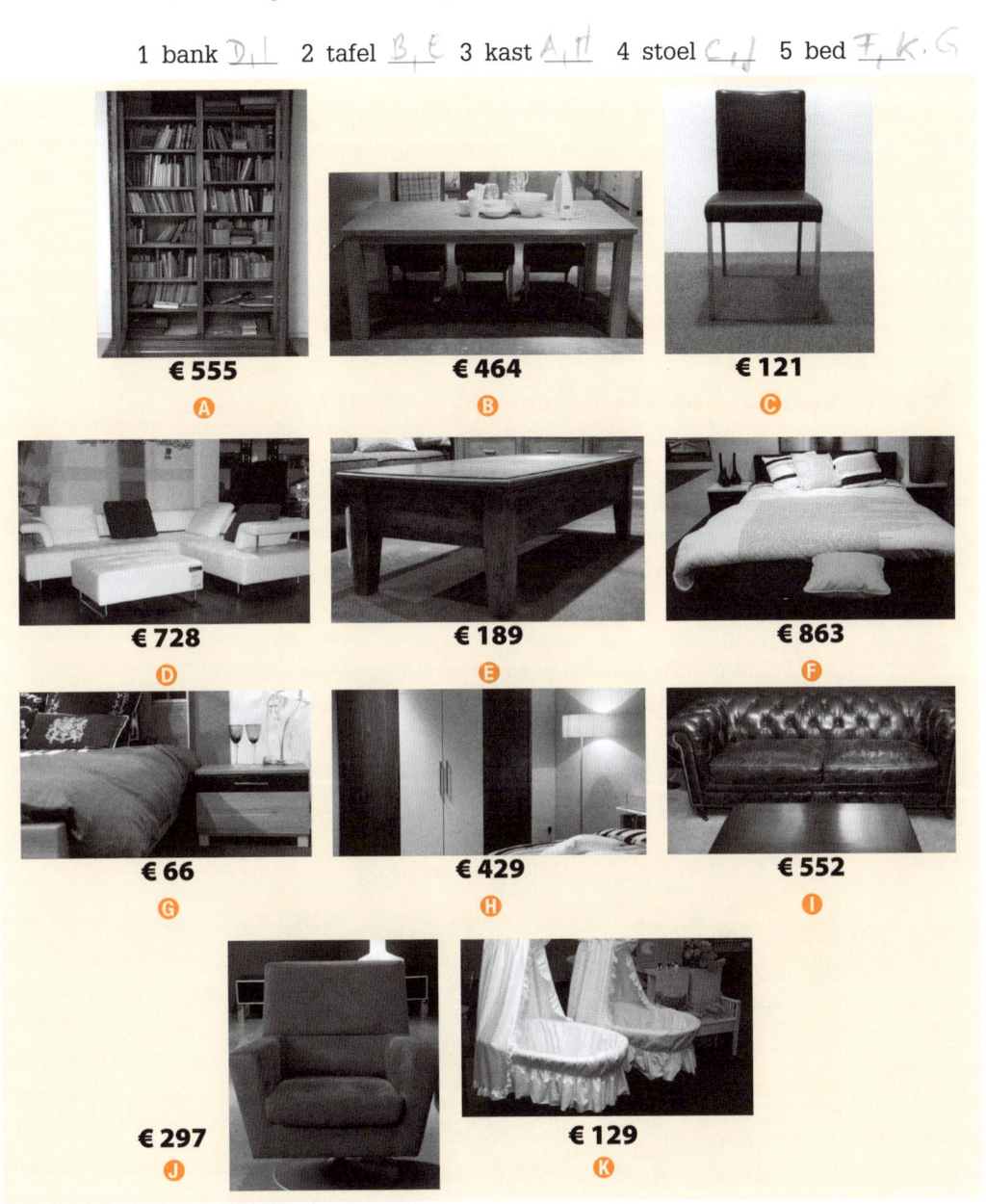

1 bank D, I   2 tafel B, E   3 kast A, H   4 stoel C, J   5 bed F, K, G

€ 555 Ⓐ
€ 464 Ⓑ
€ 121 Ⓒ
€ 728 Ⓓ
€ 189 Ⓔ
€ 863 Ⓕ
€ 66   Ⓖ
€ 429 Ⓗ
€ 552 Ⓘ
€ 297 Ⓙ
€ 129 Ⓚ

2 Doe de opdrachten van **Luisteren** bij **Voorbereiden** op de computer.

3 Doe de opdrachten van **Woorden** bij **Voorbereiden** op de computer.

Routines

Afkeuren en waarderen

Afkeuren	**Waarderen**
Ik vind hem niet zo …	**Ik vind** deze hartstikke mooi!
Ik vind de kleur niet mooi.	**Ik vind** het niet duur.
Oh nee! **Wat** duur!	Oh, **wat** mooi.
Wat een dure bank!	**Wat een** mooie kast.
Dit is niet zo'n mooie tafel.	**Dat is** een leuke bank!
Die is veel te groot.	**Deze is** echt prachtig!
Die bank **past** niet **bij** jou.	Die tafel **past** echt goed **in** mijn huis.

4 Doe de opdrachten van **Routines** bij **Voorbereiden** op de computer.

• • • Uitvoeren

5 Welke meubels heeft Roos? Stel vragen en geef antwoord.

Voorbeeld
A: Welke meubels staan er in de woonkamer van Roos?
B: In haar woonkamer staan een grote en een kleine tafel.

6.1 Kies meubels en geef je mening.

Je gaat samenwonen met je vriend(in). Jullie hebben € 2500 voor nieuwe meubels voor de woonkamer. Kies uit de meubels van opdracht 1 en opdracht 5.
Welke meubels vinden jullie mooi, niet mooi, duur, niet duur? Geef steeds je mening. Maak samen een lijst van wat je koopt.

Voorbeeld 1
A: Wat een leuke stoel!
B: Ik vind de kleur niet zo mooi.

Voorbeeld 2
B: Goh, wat een mooie bank!
A: Ja, deze is echt prachtig

We kopen:

_____

_____

_____

6.2 Vergelijk de lijsten van opdracht 6.1.

Welke meubels kiezen jullie wel en welke niet? Geef steeds je mening.

• • • Afronden

7 Welke meubels heb jij? Stel vragen en geef antwoord.

Vraag naar de meubels in de woonkamer en de slaapkamer. Je kunt bijvoorbeeld de volgende vragen stellen:
- Welke meubels heb je in je woonkamer?
- Is de bank (stoel, tafel, enzovoort) groot of klein?
- Welke kleur heeft de bank (stoel, enzovoort)?
- Hoe oud is de bank?
- Hoeveel stoelen heb je in het huis?
- Hoeveel bedden heb je in het huis?
- Zijn de meubels duur?
- Wat vind je van de meubels?

Taak 4 Een afspraak maken om een huis te bekijken

• • • Voorbereiden

1 Lees de vraag en de tekst. Beantwoord de vraag.

Je moet op 1 december ABC Wonen bellen voor een afspraak.
a waar
ⓑ niet waar

Woningbouwvereniging ABC Wonen
Herengracht 26
1382 AG Weesp
0294-530740

/ABC Wonen

Weesp, 15 november 2010

Geachte heer en mevrouw Chen,

Vanaf 1 december is er een eengezinswoning vrij aan de Gildemeestersweg 10. Heeft u interesse in deze woning? Dan kunt u ons bellen voor een afspraak. U kunt de woning dan bekijken.

Met vriendelijke groet,

de Vries

Woningbouwvereniging ABC Wonen
Kees de Vries

---

2 Doe de opdrachten van Luisteren bij Voorbereiden op de computer.

3 Zet de zinnen in de goede volgorde. Geef elke zin een nummer: 1, 2, 3 ... 7.

HG = Hanne de Groot; W = woningbouwvereniging

_4_ HG: Ja, dat is prima. Ik kan dan wel.

_2_ HG: Goedemiddag, u spreekt met Hanne de Groot. Ik heb een brief van u gekregen. Ik kan de woning aan de Eikenlaan 63 bekijken. Ik wil graag een afspraak maken.

_5_ W: Goed, dan kunt u het huis op 27 mei om 16.00 uur bekijken.

_1_ W: 'Goed Wonen', goedemiddag.

_6_ HG: Fijn, bedankt en tot de zevenentwintigste.

_3_ W: Kunt u maandag 27 mei om 16.00 uur?

_7_ W: Dag mevrouw.

4 Doe de opdrachten van Woorden bij Voorbereiden op de computer.

Routines

Telefoneren
Een telefoongesprek beginnen
Je naam zeggen (f)=formeel / (i) = informeel

(f): Met Chen
    Chen
    Met mevrouw Chen
    ABC Wonen, goedemorgen

(i): Met Eddy Chen
    Met Eddy
    Met Dewi Chen
    Met Dewi

Reageren
(f): Goedemorgen, goedemiddag,
    u spreekt met ...
    Dag, u spreekt met ...

(i): Dag, je spreekt met ...
    Dag Mark, met ...
    Hé Mark, met ...
    Hallo, met ....

Een telefoongesprek eindigen
(f): Dag meneer / mevrouw
    Tot ziens

(i): Doei
    Dag
    Tot snel

5 Doe de opdrachten van Routines bij Voorbereiden op de computer.

• • • Uitvoeren

6 Maak telefonisch afspraken om huizen te bekijken.

Draai de stoelen om. Jullie zien elkaar niet. Cursist A werkt bij woningbouwvereniging 'Goed Wonen'. Cursist B wil twee huizen zien en belt 'Goed Wonen'. Hij maakt twee afspraken.

Driekamerflat	**Eengezinswoning**
Bosstraat 23	Visserstraat 43
9722 RL Groningen	9712 BB Groningen
75 m², met groot balkon, badkamer met bad	105 m², 4 kamers, tuin

Tweekamerappartement	**Rijtjeshuis**
Kerkstraat 10	Appelstraat 64
9734 PV Groningen	9721 ZK Groningen
50 m², met klein balkon	90 m², 3 kamers, badkamer met douche

Wissel van rol.

• • • Afronden

7 Herhaal het gesprek van opdracht 6 met een andere cursist en schrijf de afspraken op.

Cursist A schrijft twee afspraken op. En cursist B schrijft twee afspraken op.

	plaats	datum	dag	tijd
huis 1				
huis 2				

Slot

1 Doe de opdracht bij Slot op de computer.

2 Zoek informatie over huurhuizen in jouw stad of dorp.

Welke huizen kun je huren? Kijk naar de prijs en of er informatie bij staat over salaris, het aantal personen en de leeftijd.

Kijk:
- in een woningkrant;
- in een gewone krant;
- in een informatiekrant van een woningbouwvereniging;
- op het internet (maak dan een print van de informatie).

Onderstreep:
- woningtypes;
- prijs;
- aantal kamers;
- douche of badkamer;
- tuin of balkon.

Neem de informatie mee naar de les.

Bespreek samen de resultaten.

Grammatica en spelling

Dit is de theorie bij Grammatica en spelling. De opdrachten staan op www.codeplus.nl, deel 1, hoofdstuk 4, Oefenen, Grammatica en spelling.

Taak 1

Hoofdzin met inversie				De zin
	pv	subject	rest	
1	2	3		
In mijn werkkamer	**kan**	ik	rustig werken.	
Achter het huis	**hebben**	we	een tuin.	
Boven	**zijn**	de slaapkamers.		

plaats 2 = persoonsvorm (pv)
plaats 3 = subject

Let op:
| We | hebben | | een tuin achter het huis. (subject - pv) |
| Achter het huis | hebben | we | een tuin. (pv - subject) |

▶▶ De pv staat altijd op plaats 2.

Het possessief pronomen   *Het pronomen*

Singularis

1	mijn	**Mijn** werkkamer is beneden.
2	je / jouw (informeel), uw (formeel)	**Je (uw)** huis is mooi.
3	haar / zijn	**Haar (zijn)** huis heeft vijf kamers.

Pluralis

1	onze / ons	**Onze** woonkamer heeft grote ramen.
		Onze meubels zijn mooi.
		Ons huis is fijn.
2	jullie (informeel)	**Jullie** keuken is groot.
3	hun	**Hun** huis heeft een balkon.

Let op:
Je huis is niet groot.   (je: neutrale vorm)
Jouw huis is klein, **mijn** huis is groot.   (jouw: contrast of nadruk)

▶▶ **Onze**   gebruik je bij de-woorden en bij woorden in de pluralis.
          de kamer(s) → **onze** kamer(s)
▶▶ **Ons**   gebruik je bij het-woorden in de singularis.
          het huis → **ons** huis, maar: **onze** huizen.

Singularis en pluralis   *Het substantief*

singularis	pluralis
de woning	de woning**en**
het appartement	de appartement**en**
de tuin	de tuin**en**
de keuken	de keuken**s**
het jongen	de jongen**s**
de kamer	de kamer**s**

In de pluralis is het artikel (lidwoord) altijd **de**.
De pluralis maak je met **-en** of **-s**.
De pluralis op **-en** gebruik je het meest.

Je kunt de pluralis ook opzoeken in het woordenboek.

Let op:
de auto	de auto**'s**
de kassa	de kassa**'s**
de taxi	de taxi**'s**

Taak 3

Wel of geen -e achter het adjectief   *Het adjectief*

	de-woorden	het-woorden
singularis	de mooie stoel	het mooie appartement
	een mooie stoel	een mooi- appartement
pluralis	de mooie stoelen	de mooie appartementen
	mooie stoelen	mooie appartementen

▶▶ Staat het adjectief voor een woord met een?
En is het woord een het-woord? Dan geen -e.
een mooi- appartement (want: het appartement)

▶▶ Staat het adjectief niet vóór een substantief? Dan geen -e.
de mooie stoel - de stoel is mooi
het mooie appartement - het appartement is mooi

Taak 4

Rangtelwoorden   *Het telwoord*

1^e = eerste
2^e = tweede
3^e = derde
4^e = vierde
5^e = vijfde
6^e = zesde
7^e = zevende
8^e = achtste
9^e = negende
10^e = tiende
11^e = elfde
$12^e - 19^e$ = -de
20^e = twintigste
30^e = dertigste
100^e = honderdste

Ik woon met mijn gezin op de vierde verdieping.
Tot de zevenentwintigste.
Het zesde balkon is van ons.

Lezen en schrijven

1 Lees de tekst. Vul de goede letter in.

Welke zin hoort in het gat in de tekst? __

a Ik ben niet tevreden.
b Mijn vriend is niet tevreden.
c Ik wil een huis met een tuin.
d Ik wil geen huis met een tuin.

De zee

Ik woon in Noordwijk, in een flat. Het is een kleine flat met een balkon. Ik woon op de tiende verdieping. Daar kan ik de zee zien, de zee is grijs.
Antonio, een vriend van mij, woont in een rijtjeshuis. Hij heeft een kleine tuin. Het huis is leuk, de straat is leuk, maar Antonio wil verhuizen. Hij koopt een groot huis met een grote tuin. Het is prachtig.
En ik? Wat wil ik? Ik zit in mijn flat en kijk naar de zee.
Na een jaar komt Antonio bij me. Het huis is te groot, de tuin is te groot. Zijn vrouw is niet meer bij hem. Samen kijken we naar de zee. De zee is groen. ____ Ik heb de zee.

2 Maak een afspraak om een kamer te bekijken. Schrijf een e-mail aan mevrouw Geertsen.

Je bent student in Utrecht en je zoekt een kamer. Je leest in de krant de volgende tekst:

Te huur voor rustige student:
- Grote kamer (20 m^2, met douche)

bij vrouw (40, 1 kind) in ruim huis
- € 350 per maand.
- Voor meer informatie of voor een afspraak:

j.geertsen@planet.nl.

```
┌─────────────────────────────────────────────────────────┐
│ ⊙ ○ ⊖                    Nieuw bericht                  │
│  ✈   ☹   📎   @   A   ○   📄                            │
│ Verzend Chat Bijlage Adres Lettertypen Kleuren Bewaar als concept │
│      Aan: [                                           ] │
│ Onderwerp: [                                          ] │
│                            Handtekening: [ Geen    ▼ ] │
│                                                         │
│   Geachte mevrouw Geertsen,                             │
│                                                         │
│   _____   │
│                                                         │
│   _____   │
│                                                         │
│   _____   │
│                                                         │
│   _____   │
│                                                         │
│   Met vriendelijke groeten,                             │
│                                                         │
│   _____                               │
└─────────────────────────────────────────────────────────┘
```

Hoofdstuk 5 Op weg naar Rotterdam

Dit hoofdstuk gaat over routes en reizen.

Introductie	100	
Taak 1	De weg vragen	101
Taak 2	Een routebeschrijving begrijpen	106
Taak 3	Een vervoerbewijs kopen voor het openbaar vervoer	111
Taak 4	Een route beschrijven	116
Slot	119	
Grammatica en spelling	121	
Lezen en schrijven	122	

Introductie

Doe de opdracht bij Introductie op de computer.

Taak 1 De weg vragen

• • • Voorbereiden

1 **Lees de tekst.**

   A: Mag ik je wat vragen?
   B: Sorry, I don't speak Dutch.
   A: Mag ik u wat vragen?
   C: Perdone, pero no lo entiendo.
   A: Mag ik jullie wat vragen?
   D: Özür dilerim, biz Türkçe konuşuyoruz.
   A: Mag ik u wat vragen? Ik zoek een supermarkt.
   E: Sorry, ik woon hier niet.

2 Doe de opdrachten van **Luisteren** bij **Voorbereiden** op de computer.

3 Doe de opdrachten van **Woorden** bij **Voorbereiden** op de computer.

> **Routines**
>
> **De weg vragen**
> Meneer, **mag ik u iets vragen?**
> **Weet** u **waar** Het Vrijthof is?
> **Weet** jij **waar** een wc is?
> Ik **moet naar** het station. **Weet** u **waar** dat is?
> Mag ik wat vragen? Ik **zoek** een bakker.
> Mevrouw, ik **zoek** een restaurant.

4 Doe de opdrachten van **Routines** bij **Voorbereiden** op de computer.

• • • Uitvoeren

5.1 **Lees de gesprekken. Zet de zinnen in de goede volgorde. Geef elke zin een nummer: 1, 2, 3 en 4.**

   Op straat

   ___ De Daltonstraat? Die is vlakbij.

   ___ Natuurlijk.

____ Meneer, mag ik u iets vragen?

____ Weet u waar de Daltonstraat is?

Op straat

____ De Grote Markt is aan het eind van deze straat.

____ Fijn. Dank u wel!

____ Mevrouw, weet u waar de Grote Markt is?

____ Graag gedaan.

Op school

____ Dat is op de eerste verdieping. Je kunt hier de lift nemen.

____ Graag gedaan.

____ Dank u wel.

____ Goedemorgen. Ik moet naar kamer 301. Weet u waar dat is?

In een museum

____ Dank u.

____ Meneer? Weet u waar het restaurant is?

____ Graag gedaan.

____ Dan moet u hier de trap op.

In een supermarkt

____ Ja hoor.

____ Ik zoek de cola.

____ Sorry, ik werk hier niet.

____ Mag ik je iets vragen?

In een boekwinkel

____ Dan moet je naar boven.

____ Bedankt.

____ Hallo, ik zoek een boek over computers.

____ Graag gedaan.

5.2 **Luister naar je docent. Je docent leest de gesprekken van opdracht 5.1 hardop.**

5.3 **Lees samen de vijf gesprekken van opdracht 5.1 hardop.**

6 **Vraag de weg.**

1 Cursist A wil naar het station. Cursist A vraagt cursist B de weg. Gebruik de vragen uit opdracht 5.1.
   A: …?
   B: Ja natuurlijk.
   A: …
   B: Het station? Dat is vlakbij.

2 Cursist A wil brood kopen. Cursist A vraagt cursist B waar de bakker is.
   A: …?
   B: Ja hoor.
   A: …
   B: Sorry, dat weet ik niet.

3 Cursist B is op de universiteit. Hij zoekt de boekwinkel. Cursist B vraagt cursist A waar de boekwinkel is.
   B: …?
   A: Natuurlijk.
   B: …
   A: Die is op de eerste verdieping. Je kunt hier de lift nemen.
   B: …

4 Cursist B zoekt de markt. Cursist B vraagt cursist A waar de markt is.
   B: …?
   A: Ja hoor.
   B: …
   A: Sorry, dat weet ik niet. Ik woon hier niet.

Wissel van rol.

Afronden

7 Vraag de weg en geef antwoord.

Maak twee cirkels, een binnencirkel en een buitencirkel. Vraag de cursist die tegenover je zit de weg. Schuif daarna één plaats naar rechts op. Herhaal de opdracht.

Cursist 1 vraagt de weg (naar de Hema, Blokker, de markt, enzovoort).
Cursist 2 geeft antwoord. Hij kiest een antwoord:
- Sorry, dat weet ik niet.
- Sorry, ik woon hier niet.
- Dat is vlakbij.
- Dat is aan het eind van de straat.

Cursist 1 loopt naar rechts.
Cursist 2 vraagt de weg.
Enzovoort.

Taak 2 Een routebeschrijving begrijpen

• • • Voorbereiden

1 Lees de zinnen en kijk op de plattegrond.

➡ = je bent hier
Waar is de bakker? De tweede straat links.
Waar is café Smit? De eerste rechts.
Waar is het Campertplein? Hier rechtdoor.

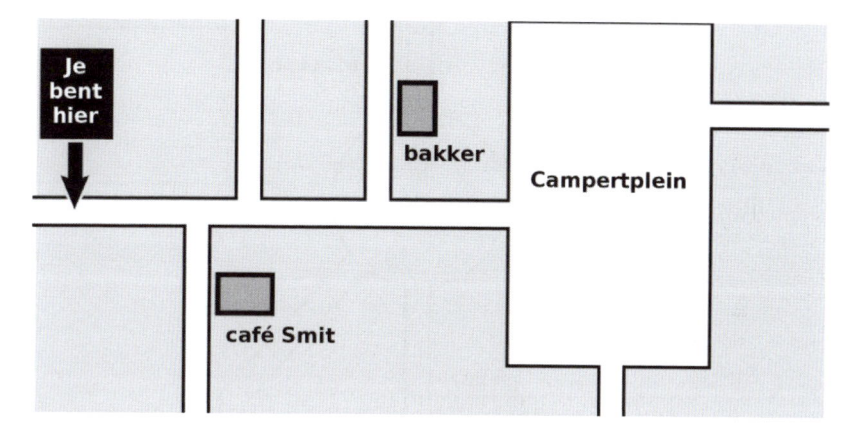

2 Doe de opdrachten van Luisteren bij Voorbereiden op de computer.

3 Doe de opdrachten van Woorden bij Voorbereiden op de computer.

Routines

Een routebeschrijving begrijpen
Je **moet** bus 5 nemen.
Je **moet** vóór de supermarkt uitstappen.

Bij het zebrapad **oversteken**.
Rechtdoor lopen.

Eerste straat **rechts** / **links**.
Je **gaat** bij de kerk **linksaf** / **rechtsaf**.

4 Doe de opdrachten van Routines bij Voorbereiden op de computer.

• • • Uitvoeren

5 Kijk op de plattegrond en lees de instructies. Teken de route.

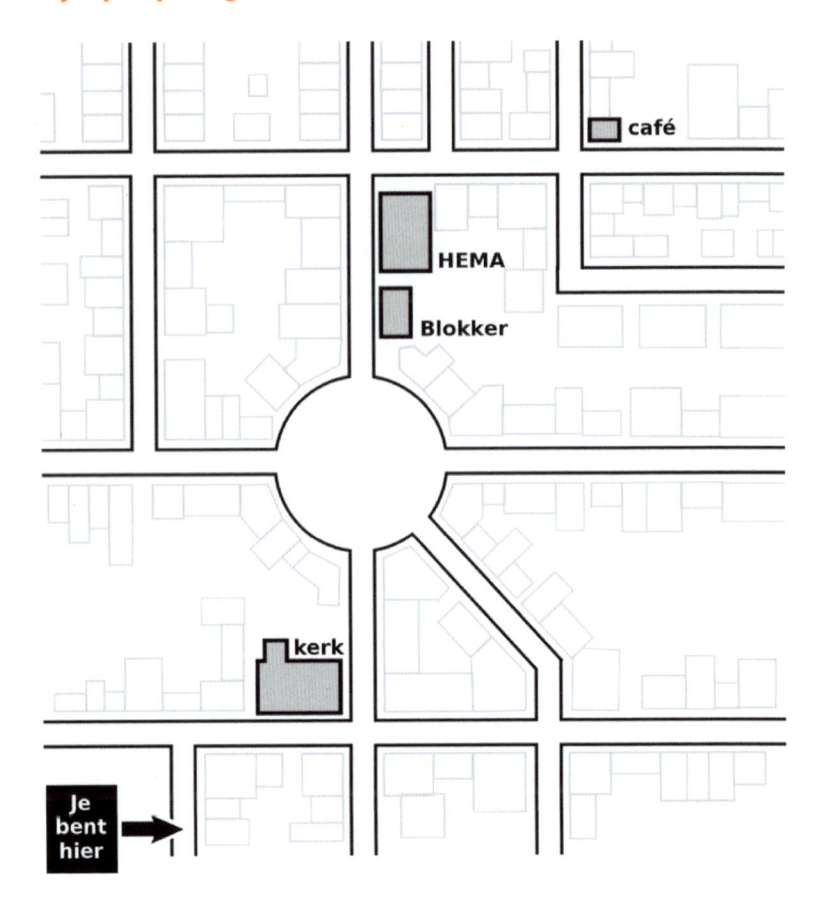

1 Je gaat aan het eind van de straat rechtsaf.
2 Na de kerk neem je de eerste links.
3 Steek het plein over.
4 Je loopt rechtdoor, langs Blokker en de Hema en dan ga je naar rechts.
5 Je gaat voor het café linksaf.

6 Zet in de goede volgorde en teken de route.

1 Kijk op de plattegrond.
   ➤ = je bent hier, in Maastricht. Je gaat naar het station.
   Lees de routebeschrijving. Zet de zinnen in de goede volgorde. Geef elke zin een nummer: 1, 2, 3, 4, 5 en 6.

___ Dan kom je bij het station.

___ Je gaat linksaf, de brug over.

___ Je loopt langs het water.

___ Bij het water ga je rechtsaf.

___ Je loopt steeds maar rechtdoor.

___ Je gaat rechtdoor de Hoenderstraat in.

2   Teken de route op de plattegrond.

7.1 Lees de tekst en kijk op de plattegrond. Schrijf op de plattegrond: ingang, pad en kassa.

Welkom in onze supermarkt

Waar vindt u ons?
De ingang is aan de Flevoweg, op nummer 18. U kunt daar ook parkeren.

Wat vindt u waar?
Dat kunt u zien op de plattegrond, maar u kunt het ook aan ons vragen. Wij helpen u graag.

Betalen?
Aan het eind van elk pad is een kassa. Wij hebben vier kassa's.

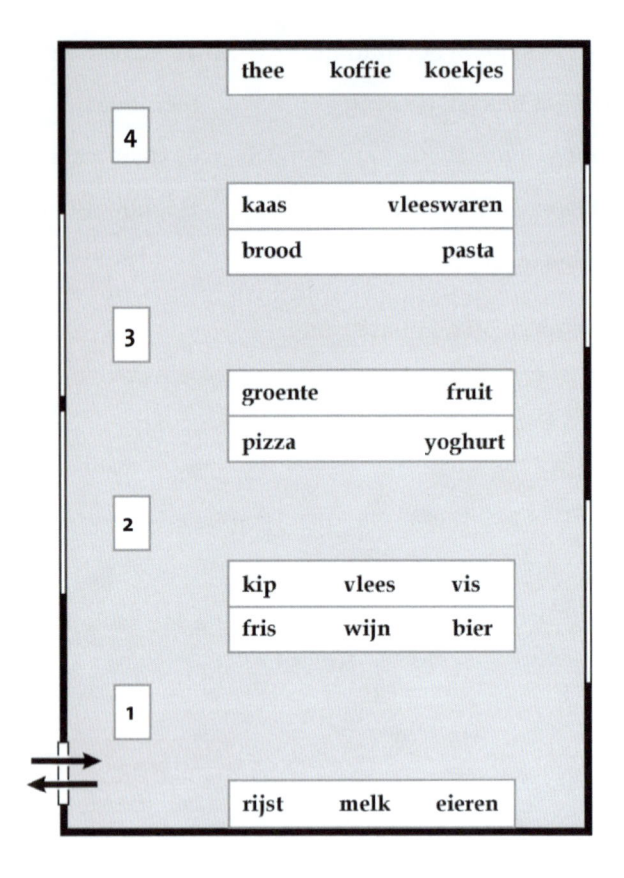

```
                    thee    koffie   koekjes

        4

                    kaas             vleeswaren
                    brood            pasta

        3

                    groente          fruit
                    pizza            yoghurt

        2

                    kip     vlees    vis
                    fris    wijn     bier

        1

                    rijst   melk     eieren
```

7.2 Kijk op de plattegrond. Beantwoord de vragen.

1 Je bent in de supermarkt. Je zoekt de melk. Je loopt naar kassa 3. Je vraagt: 'Weet u waar de melk staat?' Je staat nu met de rug naar de kassa. De vrouw zegt:
   a Je loopt naar links en gaat rechtsaf bij het volgende pad. De melk staat links.
   b Je loopt naar rechts en gaat linksaf het volgende pad in. De melk staat rechts.
   c Je loopt naar rechts en gaat bij de frisdrank naar links. De melk staat rechts.

2 Je bent in de supermarkt. Je zoekt de pizza's. Bij kassa 1 vraag je: 'Weet u waar de pizza's staan?' Je staat nu met je rug naar de kassa. De vrouw zegt:
   a Je loopt naar links tot het volgende pad. Daar ga je naar rechts. De pizza's staan links.
   b Je loopt rechtdoor tot het eind van het pad. Je gaat naar links en dan weer naar links. De pizza's staan links.
   c Je loopt naar links en gaat bij de kip rechtsaf. De pizza's staan rechts.

7.3 Kijk op de plattegrond. Lees de vragen en luister naar je docent. Beantwoord de vragen.

1 Je staat bij de ingang van de supermarkt. Je wilt boodschappen doen. Hoe loop je? Teken de route. Kruis de boodschappen aan.

2 Wat koop je?
  a melk, vis en groente
  b rijst, vlees en koffie
  c vis, groente en koffie

3 Waar betaal je?
  a Bij kassa 2
  b Bij kassa 3
  c Bij kassa 4

• • • Afronden

8 Teken de route naar Barbara's huis.

Luister nog een keer naar de tekst: Hoe kom ik bij je huis? Kijk naar de plattegrond. Waar stap je uit de bus? Schrijf een B. Teken met een lijntje de route naar Barbara's huis. Schrijf een X bij Barbara's huis.

Vergelijk je route met die van een medecursist.

Cultuur

Fietsen

Nederland is het land van de fietsen. Er wonen 16,5 miljoen mensen en er zijn wel 18 miljoen fietsen. Nederland heeft 10.000 kilometer fietspad.

Nederlanders hebben vaak een auto én een fiets. Is het werk, de school of een winkel vlakbij? Dan gaan ze vaak op de fiets. Ze fietsen in het weekend ook graag in de natuur.

De fiets is voor alle leeftijden: jonge én oude mensen fietsen. Kleine kinderen zitten meestal bij hun ouders op de fiets.

De fiets is voor alle mensen: de bakker heeft een fiets en de huisarts heeft ook een fiets. Ook de minister gaat soms op de fiets. Bij veel stations kun je voor een dag een fiets huren.

Wil je met je fiets in de trein? Je kunt voor je fiets ook een treinkaartje kopen.

Taak 3 Een vervoerbewijs voor het openbaar vervoer kopen

• • • Voorbereiden

1 Wat doe je? Lees de vragen. Kruis aan.

   1 Je wilt met de trein naar Vlissingen. Je weet niet hoe laat de treinen vertrekken.
      ☐ Ik kijk op internet.
      ☐ Ik bel een informatienummer.
      ☐ Ik ga naar het station. Ik vraag daar informatie.
      ☐ Ik lees de informatie op het station.

   2 De trein vertrekt over twee minuten. Je hebt geen treinkaartje.
      ☐ Ik koop een kaartje en drink een kopje koffie. Ik neem de volgende trein.
      ☐ Ik koop geen kaartje. Ik ga in de trein op de wc zitten.
      ☐ Ik koop geen kaartje. Ik gebruik mijn OV-chipkaart.

2 Doe de opdrachten van **Luisteren 1** bij **Voorbereiden** op de computer.

3 Doe de opdrachten van **Luisteren 2** bij **Voorbereiden** op de computer.

4 Doe de opdrachten van **Woorden** bij **Voorbereiden** op de computer.

> **Routines**
>
> **Een vervoerbewijs kopen**
> **Een enkele reis** Zwolle **alstublieft**.
> **Een retour** Rotterdam **alstublieft**.
> **Waar kan ik** mijn OV-chipkaart **opladen**?
> Met **korting** / zonder **korting**.

HOOFDSTUK 5 | TAAK 3

Routines

Informatie vragen over het openbaar vervoer

- Hoe laat **gaat** de trein naar Zwolle? / Wanneer **vertrekt** de trein naar Zwolle?
- Om vijf voor half vier.

- Hoe laat **komt** hij **aan**? / Wanneer **komt** hij **aan**?
- Om kwart over vier, meneer.

- Waar gaat u **naartoe**? / Waar gaat u **heen**?
- Naar Rotterdam.

- Ik wil met de bus naar Haarlem. Moet ik **overstappen**?
- Ja, u moet in Leiden **overstappen**.

5   Doe de opdrachten van Routines bij Voorbereiden op de computer.

• • • Uitvoeren

6   Koop een kaartje voor het openbaar vervoer.

1   Cursist A wil met de trein naar Maastricht. Hij koopt een enkele reis Maastricht zonder korting. Cursist B verkoopt het kaartje. Voer het gesprek.

   A: Goedemorgen, ...

   B: Dat is € 8,10.

   A: .....

   B: Kijkt u eens, een enkele reis Maastricht.

   A: .....

2   Cursist B koopt een retour Groningen zonder korting. Cursist A verkoopt het kaartje. Voer het gesprek.

   B: Hallo, ...

   A: Dat is € 22,50.

   B: .....

   A: Kijkt u eens, een retour Groningen.

   B: .....

3   Cursist A koopt een OV-chipkaart. De kaart kost € 7,50. Cursist B verkoopt de kaart. Voer het gesprek.

   A: Goedemiddag, ...

   B: Dat is € 7,50.

   A: .....

   B: U moet de kaart wel opladen.

4   Cursist B wil zijn OV-chipkaart opladen. Cursist A geeft informatie.

   B: Mag ik .....?

   A: Ja, natuurlijk.

   B: .....?

   A: Dat kan hier op het station bij de automaat.

7   Lees de vragen en de tekst. Beantwoord de vragen.

1   Je woont in Eindhoven. Je hebt geen auto. Je gaat naar de markt en daarna weer naar huis. De reis duurt 20 minuten. Wat koop je?
   a   twee keer een uurkaart
   b   een dagkaart

2   Je hebt geen auto. Je reist elke dag met de bus, bijvoorbeeld naar je werk of naar familie en vrienden. Welk abonnement past het best bij jou?
   a   een maandabonnement
   b   een jaarabonnement

3   Je wilt een weekabonnement. Waar koop je dat?
   a   in de bus
   b   op internet

Reist u vaak met de bus?
Koop dan een abonnement!

U kunt kiezen uit
- een dagkaart
- een weekabonnement
- een maandabonnement
- een jaarabonnement

Reist u één dag met de bus? Koop dan een uurkaart voor € 2 of een dagkaart voor € 7,50.

Reist u elke dag met de bus? Koop dan een weekabonnement voor € 30,00 of een maandabonnement voor € 75.

Reist u het hele jaar veel? Koop dan een jaarabonnement. U betaalt dan niet twaalf maar tien maanden: € 750.

Kinderen tot en met 4 jaar reizen gratis.
Bent u jonger dan 12 jaar? Of bent u 65 jaar of ouder? Dan krijgt u 30% korting.

U kunt uw abonnement op onze website kopen of in een van onze winkels. Kijk op onze website voor de adressen van deze winkels.

• • • Afronden

8 Lees de vragen. Lees nog een keer de tekst van opdracht 7. Beantwoord de vragen.

1 Je gaat met twee kinderen van 4 en 8 jaar een dagje naar familie. Jullie nemen de bus. De busrit duurt 1 uur en 10 minuten. Hoeveel moet je betalen?
   a € 12,75
   b € 15,00
   c € 22,50

2 a Welk abonnement past het best bij jou?
   _____.

   b Hoeveel moet je voor dat abonnement betalen?

   € _____

TAAK 4 Een route beschrijven

● ● ● Voorbereiden

1 Ga je met de auto, bus, trein of op een andere manier? Kruis aan.

Hoe ga je naar …?	met de auto	met de bus	met de trein	met de fiets	met de tram	ik loop
de supermarkt						
de bakker						
de Nederlandse les						
het station						
de markt						
mijn werk						

2 Doe de opdrachten van Luisteren bij Voorbereiden op de computer.

3.1 Lees de tekst en kijk op de plattegrond. Beantwoord de vraag.

▲ = je bent hier. Teken de route naar het huis van de moeder van Liesbeth en schrijf een X bij het huis.

In welke straat woont de moeder van Liesbeth?
a   In de Maartenslaan
b   In de Stationstraat
c   Op de Wilhelminasingel

De route van Liesbeth

Liesbeth woont in Maastricht, op de Heugemerweg. Haar ouders wonen vlakbij. Liesbeth gaat elke dag even naar haar moeder. Ze fietst altijd dezelfde route.
Ze fietst naar de Akerstraat. Daar gaat ze linksaf. Dan neemt ze de eerste rechts. Ze gaat rechtdoor bij de Stationsstraat. Bij de St. Maartenlaan gaat ze linksaf. Haar moeder woont vlakbij de Wilhelminasingel, aan de rechterkant van de straat.

3.2 Kijk op de plattegrond en vul in.

Hoe fietst Liesbeth naar huis?

Ze fietst naar de Alexander Battalaan.

Daar gaat ze _____.

Aan het _____ van de _____ gaat

ze _____.

Dat is de _____.

Ze neemt de _____ straat _____.

En dan weer de eerste straat _____.

Dat is de _____.

Daar woont ze.

4 Lees de vraag en kijk op de plattegrond. Vul in.

🟠 = je bent hier

Je staat op het Vrijthof. Je wilt naar de Markt. Hoe loop je? Vul in.

Ik loop _____ de Platielstraat.

In de Platielstraat neem ik de _____ straat _____.

Dat is de _____ straat.

Bij de Grote Staat ga ik _____ .

Dan kom ik op de Markt.

5 Doe de opdrachten van Woorden bij Voorbereiden op de computer.

Uitvoeren

6 **Wijs de weg.**

1 Cursist A wil graag een kopje koffie. Hij vraagt cursist B waar hij koffie kan drinken. Cursist B wijst hem de weg.

2 Cursist B vraagt cursist A waar de wc is. Cursist A wijst hem de weg.

7 **Geef een routebeschrijving.**

1 Cursist B komt bij jou (cursist A) thuis een kopje koffie drinken. Hij staat op het (bus)station van jouw woonplaats. Hij belt je. Hij vraagt de weg naar je huis. Beschrijf de route.

2 Cursist B herhaalt de beschrijving en schrijft de route kort op.

Voorbeeld
A: Je neemt bus 10. Je stapt uit bij de Parkstraat. Je neemt de tweede straat links. Dat is de Zaanstraat. Daar woon ik, op nummer 10.

B: Dus ik neem bus 10. Ik stap uit bij _____ enzovoort.

Wissel van rol.

Afronden

8 **Vraag de weg en beschrijf de route.**

Je krijgt een kaartje van je docent. Je loopt rond en vraagt de weg aan een medecursist. Als je de weg weet, geef je het kaartje aan je medecursist. Herhaal de opdracht met een andere cursist.

9 **Beschrijf de route naar je huis.**

Je gaat van school naar huis. Wat is de beste route? Schrijf de route op en geef de tekst aan je docent.

Cultuur

Praten zonder woorden

Wat 'zeg' jij?

Kijk nog eens naar opdracht 1 in taak 1. A vraagt de weg. B begrijpt het niet. Ook zonder woorden kun je 'zeggen': Ik begrijp het niet. Hoe kun je de volgende zinnen 'zeggen' zonder woorden?

Wil je wat drinken?
Waar kan ik wat eten?
Ga naar links.
Rechtdoor lopen.
Ik begrijp het niet.
Het is groot.
Het is klein.
Kom hier.
Ik ga met de fiets.

Cursist A 'zegt' een zin zonder woorden. Cursist B zegt de zin met woorden.

Wissel van rol.

Bespreek de verschillen in de groep. Zijn er verschillen tussen jullie landen?

Slot

1.1 Kijk op www.9292ov.nl voor een reisadvies voor het openbaar vervoer. Print het reisadvies uit en beantwoord de vragen.

Je gaat naar een vriend in Groningen. Zijn adres is C.G. Wichmannstraat 10.
Je vertrekt op zaterdagmorgen en je gaat zaterdagavond naar huis.
Je woont in Amersfoort. Je adres is Anton Mauvestraat 10.
Je gaat met de bus en de trein. Je wilt om tien uur van huis vertrekken.
Let op: • vertrekadres = Amersfoort, Anton Mauvestraat 10
         • aankomstadres = Groningen, C.G. Wichmannstraat 10

Waar neem je de bus naar het station van Amersfoort? _____

Hoe laat vertrekt de bus? _____

Hoe laat vertrekt de trein? _____

Van welk spoor vertrekt de trein? _____

Hoe laat kom je in Groningen op het station aan? _____

Hoe laat vertrekt de bus daar? _____

Hoe laat kom je op de C.G. Wichmannstraat aan? _____

1.2 Kijk op www.ns.nl. Hoeveel kost de reis van station Amersfoort naar station Groningen zonder korting?

_____

Bespreek samen de antwoorden.

Cultuur

Reizen in Nederland

Nederland is een klein land. Het heeft twaalf provincies. De hoofdstad Amsterdam ligt in de provincie Noord-Holland. Nederland is 41.500 vierkante kilometer (km^2) groot en er wonen 16,5 miljoen mensen.

Met de auto kun je in vier uur van Groningen in het noorden naar Maastricht in het zuiden rijden. Er staan elke dag wel veel auto's in de file. Daarom reizen mensen ook vaak met de trein door Nederland.

Nederland ligt aan de Noordzee. In het noorden liggen de Waddeneilanden. Het eerste en grootste eiland is Texel. Daarna komen Vlieland, Terschelling en Ameland. Het kleinste eilandje is Schiermonnikoog. Wil je naar een eiland, dan moet je altijd met de boot. Soms mag je auto mee op de boot. Maar niet naar Vlieland en Schiermonnikoog. Op die twee eilanden mag je niet autorijden. Je kunt daar de bus of een taxi nemen Ook kun je daar een fiets huren.

Lees de tekst en beantwoord de vragen.

1   Hoeveel provincies heeft Nederland?

_____

2   Ben je wel eens op een Waddeneiland geweest?

_____

3   Wat wil je graag zien van Nederland?

_____

4   Hoe reis je het liefst in Nederland? Waarom?

Grammatica en spelling

Dit is de theorie bij Grammatica en spelling. De opdrachten staan op www.codeplus.nl, hoofdstuk 5, deel 1, Oefenen, Grammatica en spelling.

Taak 1

Het pronomen personale als object   **Het pronomen**

Singularis
1 me / mij   Hebt u een biertje voor **me**?
2 je / jou (informeel), u (formeel) Mag ik **je (u)** iets vragen?
3 hem, haar   Kunt u **hem (haar)** helpen?

Pluralis
1 ons   Kun je **ons** helpen?
2 jullie (informeel), u (formeel)   Mag ik **jullie (u)** iets vragen?
3 hen/hun/ze   Ik kan **ze (hen)** niet helpen. Ik vraag **ze (hun)** de weg.

Let op:
Hebt u een biertje voor **me**?   (me / je : neutrale vorm)
Hebt u een biertje voor Stanley en **mij**?   (mij / jou: contrast of nadruk)
Het bier is voor **jou**, de wijn is voor Sara.

Taak 4

Modale hulpwerkwoorden **Het verbum**
Singularis

	moeten	mogen	willen		
1 ik	moet	mag	wil		
2 je / jij , u	moet	mag	wilt		
3 ze / zij, hij	moet	mag	wil		

Pluralis

1 we / wij	moeten	mogen	willen	zullen	kunnen
2 jullie	moeten	mogen	willen	zullen	kunnen
3 ze / zij	moeten	mogen	willen	zullen	kunnen

Singularis

	zullen	kunnen
1 ik	zal	kan
2 je / jij, u	zult/zal	kunt/kan
3 ze / zij, hij	zal	kan

Je **moet** de Kerkstraat <u>oversteken</u>.
Mag ik u iets <u>vragen</u>?
Ik **wil** hier wel <u>wonen</u>.

Zullen we een winkel <u>binnengaan</u>?
Misschien **kunnen** we samen *gaan*.

▸ Na een modaal hulpwerkwoord (= pv) komt een <u>infinitief</u> aan het eind van de zin.

Lezen en schrijven

1 Lees de vragen en de tekst. Beantwoord de vragen.

1 Je wilt op maandag 12 juli om 8.30 uur met de trein naar Valkenburg. Je wilt je fiets meenemen. Kan dat?
   a ja
   b nee

2 Je gaat op zaterdag met de fiets in de trein naar Middelburg. Je gaat op zondag weer terug naar huis. Je gaat weer met de fiets in de trein. Hoeveel moet je in totaal voor je fiets betalen?
a € 6
b € 12

Een treinkaartje voor de Fiets

U kunt bij een NS-kaartautomaat een Dagkaart voor uw fiets kopen. Een Dagkaart voor de fiets kost € 6. Met deze Dagkaart kunt u naar alle plaatsen in Nederland reizen.
- Van maandag tot en met vrijdag kunt u de fiets niet meenemen van 6.30 tot 9.00 uur en van 16.30 tot 18.00 uur.
- In het weekend, op feestdagen en in de maanden juli en augustus mag u op deze tijden de fiets wel meenemen.
- Op het station mag u niet fietsen.

2 **Schrijf Justin een e-mail.**

Justin, een vriend uit Utrecht, komt zaterdag naar jouw huis.
Vraag hem hoe laat hij komt. Vertel hem hoe hij moet reizen met het openbaar vervoer.

HOOFDSTUK 6 Wat zie je er leuk uit!

Dit hoofdstuk gaat over kleren en uiterlijk.

Introductie	126	
Taak 1	Vertellen wat voor kleren iemand draagt	127
Taak 2	Beschrijven hoe iemand eruitziet	130
Taak 3	Wat je kunt zeggen als je kleren wilt ruilen	132
Taak 4	Iemand een compliment geven over zijn uiterlijk	136
Slot	139	
Grammatica en spelling	140	
Lezen en schrijven	142	

Introductie

Doe de opdracht bij Introductie op de computer.

Taak 1 Vertellen wat voor kleren iemand draagt

• • • Voorbereiden

1. Doe de opdrachten van Luisteren 1 bij Voorbereiden op de computer.

2. Doe de opdrachten van Luisteren 2 bij Voorbereiden op de computer.

3. Kijk naar de illustraties. Je hebt € 150 om kleren te kopen. Wat koop je?

€ 59,95 — het overhemd
€ 34,99 — de bloes
€ 69,75 — de broek
€ 79,99 — de schoenen
€ 5 — de sokken
€ 250 — het pak
€ 89,90 — de jurk
€ 29,95 — de rok
€ 35,90 — de trui
€ 15 — de stropdas

Ik koop: de trui, de jurk, de sokken

4 **Wanneer draag je wat? Vul in.**   *dragen / aanhebben*

Kies uit: een bloes - een broek - gympen - een jas - een jurk - een overhemd - een pak - een rok - schoenen - sokken - een spijkerbroek - een T-shirt - een trui - een uniform.
Je kunt ook zelf andere kleren kiezen.   *net - tidy, clean*

Wat doe je?

Je gaat naar de Nederlandse les.

Je werkt bij een bank.

Je werkt bij de politie.

Je gaat voor de eerste keer naar de ouders van je vriendin.

Je gaat uit.

Je gaat naar Mc Donalds.

Je gaat eten in een duur restaurant.   *goedkoop*

Wat draag je?

Ik draag _een spijkerbroek en een T._

Ik heb _een pak_ aan.

Ik draag _en uniform met en pet_

Ik draag _een bloes en een rok._

Ik draag _en jurk._

Ik draag _gympen en een jas._

Ik draag _een broek en schoenen_

5 Doe de opdrachten van Woorden bij Voorbereiden op de computer.

Uitvoeren

6 **Beschrijf elkaars kleren.**

Cursist A beschrijft de kleren van cursist B. Cursist B beschrijft de kleren van cursist A.

Voorbeeld
Je hebt een blauwe spijkerbroek aan, een rode trui, blauwe sokken en zwarte schoenen.

7 **Beschrijf de kleren van een medecursist. Zeg de naam niet.**

Cursist A beschrijft de kleren van een medecursist. Cursist B moet raden wie het is.

Wissel van rol. Doe de opdracht een paar keer.

• • • Afronden

8.1 **Beschrijf samen het uniform van een stewardess bij de KLM.**

De kleuren kun je op internet vinden. Ga naar www.google.nl. Zoek bij 'afbeeldingen' naar: 'uniform stewardess KLM.'

8.2 Schrijf het op.

Een stewardess bij de KLM draagt_____,
_____.

9 Houd een modeshow.

Eén cursist loopt een modeshow. Een andere cursist vertelt wat hij / zij draagt.

Doe de opdracht een paar keer.

TAAK 2 Beschrijven hoe iemand eruitziet

• • • Voorbereiden

1 **Doe de opdrachten van Luisteren bij Voorbereiden op de computer.**

2 **Kijk naar je medecursisten. Beantwoord de vragen.**

Wie heeft blond haar?	Anton, Lisa, Theresa, Jan
Wie heeft bruin haar?	Nico, Maria, Helen, Tom
Wie heeft zwart haar?	Theresa, Greg
Wie heeft krullen?	Helen
Wie heeft steil haar?	Theresa
Wie heeft blauwe ogen?	Theresa, Anton
Wie heeft groene ogen?	
Wie draagt een bril?	Helen
Wie is lang?	Jan
Wie is klein?	

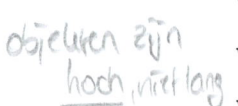

ogen/uien zijn hoog, niet lang

3 **Doe de opdrachten van Woorden bij Voorbereiden op de computer.**

• • • Uitvoeren

4 **Beschrijf het uiterlijk van je vader, moeder, broer, zus, kind of partner.**

Gebruik de vragen van opdracht 2. Cursist A begint.

Voorbeeld
Mijn broer heeft bruin, steil haar en blauwe ogen. Hij is 1 meter 80. Hij draagt een zwarte bril.

5 Je krijgt van je docent een foto. De politie zoekt deze persoon. Beschrijf de persoon van de foto.

De politie van Amsterdam zoekt _____. Hij / Zij is _____

meter _____.

Hij (zij) heeft _____ _____ haar en _____ ogen.

Hij (zij) draagt _____.

Heeft u hem (haar) gezien? Bel dan_____.

Vergelijk de beschrijving met die van een andere cursist.

• • • Afronden

6 Beschrijf je eigen uiterlijk en kleren.

Cursist A beschrijft zijn eigen uiterlijk en kleren. Cursist B schrijft het op.

Voorbeeld
Ik ben 1 meter 75. Ik heb bruin haar en blauwe ogen. Ik draag een wit T-shirt en een rode rok. Ik draag zwarte schoenen.

Wissel van rol.

Geef de beschrijvingen aan je docent. Schrijf geen naam op het papier!

7 Je krijgt van je docent een beschrijving. Welke cursist is het?

Taak 3 Wat je kunt zeggen als je kleren wilt ruilen

• • • Voorbereiden

1 Doe de opdrachten van Luisteren bij Voorbereiden op de computer.

2 Doe de opdrachten van Woorden bij Voorbereiden op de computer.

Routines

Ruilen en geld terugvragen

Klant:
Ik wil deze broek graag ruilen.
Hebt u hem een maat groter (kleiner)?
Hebt u hem ook in een andere kleur?
Ik wil graag mijn geld terug.

Verkoper:
Hebt u de bon nog?
Ik kan u alleen een tegoedbon geven.
We geven geen geld terug.

3 Doe de opdrachten van Routines bij Voorbereiden op de computer.

4 Wat hoort bij elkaar? Vul de goede letter in.

A   B   C   D

1 Het pak is te groot. C

2 Er zit een gat in het overhemd. D

3 De rok is te klein. A

4 De rits is stuk. B

5 Waarom ruil je het?

	De kleur is niet goed	De maat is niet goed	De kleren zijn kapot
Ik wil liever een zwarte broek.	☒	☐	☐
Ik vind de rok te klein.	☐	☒	☐
De rits is stuk.	☐	☐	☒
Ik vind het pak te groot.	☐	☒	☐
Er zit een gat in het overhemd.	☐	☐	☒
Ik zoek toch een blauwe jas, geen zwarte.	☒	☐	☐
Er is een knoop af.	☐	☐	☒

6 Lees de gesprekken. Zet de zinnen in de goede volgorde. Geef elke zin een nummer: 1, 2, 3 en 4.

Gesprek 1

_2_ Deze jas is te groot. Kan ik hem ruilen?

_4_ Dank u wel.

_1_ Goedemorgen, kan ik u helpen?

_3_ Natuurlijk.

Gesprek 2

_3_ Natuurlijk. Pakt u maar een ander.

_4_ Dank u wel.

_2_ Ik wil dit overhemd graag ruilen. Er is een knoop af.

_1_ Dag, zegt u het maar.

Gesprek 3

_2_ Ja hoor, alstublieft.

_1_ Dag meneer, kan ik deze rok ruilen? Ik wil hem graag één maat kleiner.

_2_ Ik zal even kijken of ik die nog heb. (…) Ja, die is er nog. Hebt u de bon?

_4_ Dank u wel. En hier is de andere rok.

Uitvoeren

7 **Lees samen de gesprekken van opdracht 6 hardop.**

8 **Lees eerst het gesprek. Voer daarna het gesprek.**

Cursist A stelt de vragen. Cursist B geeft antwoord.

Gesprek 1

A: Dag mevrouw, kan ik u helpen?

B: _Dag! Ik wil mijn rok ruilen, graag._

A: Dat kan. Wat is het probleem?

B: _Ik houd niet van grijs._

A: Welke kleur wilt u dan?

B: _Ik wil liever * zwart hebben._

A: Ik zal kijken of ik die nog heb. (…) Ja, die heb ik nog. Hebt u de bon?

B: _Ja, hier in mijn tasje. Alsjeblieft._

A: Dank u. Kijk eens, en deze is voor u.

B: _Dank u wel!_

A: Tot ziens!

Wissel van rol en voer het tweede gesprek.

Gesprek 2

A: Dag meneer, zegt u het maar.

B: _____

A: Dat kan. Wat is het probleem?

B: _____

A: Welke maat wilt u dan?

B: _____

A: Die heb ik voor u. Hebt u de bon voor mij?

B: _____

A: Dank u. En deze is voor u. Veel plezier ermee!

B: _____

9 Voer het gesprek.

Gesprek 1

Cursist A Je bent een klant. Je hebt een broek gekocht. Je wilt hem niet ruilen, maar je wilt je geld terug.

Cursist B Je bent de verkoper. Een klant wil zijn geld terug, maar dat kan niet. Je geeft de klant een tegoedbon.

Voer het tweede gesprek.

Gesprek 2

Cursist B Je bent een klant. Je hebt een jas gekocht voor je kind, maar de jas past niet. De jas is te groot.

Cursist A Je bent de verkoper. Een klant wil een jas in een andere maat, maar die is er niet meer.

• • • Afronden

10 Doe de opdrachten van Luisteren bij Afronden op de computer.

11 Lees de vragen. Beantwoord de vragen.

1 In een kledingwinkel lees je bij de kassa:

   Ruilen binnen 14 dagen, met bon.

   Je koopt een jurk op 1 november. Mag je de jurk op 14 november ruilen?
   a ja
   b nee

2 Je hebt een broek gekocht, maar je vindt de broek toch niet zo mooi.
   Je wilt je geld terug. Kan dat altijd in Nederland?
   a Ja. Winkels moeten altijd geld teruggeven. Maar verkopers zeggen vaak dat het niet kan.
   b Nee. Winkels mogen geld teruggeven, maar het moet niet.

Doe maar een biertje (inf.)
Doet u maar een biertje / pilsje. (form)

TAAK 4 Iemand een compliment geven over zijn uiterlijk

Voorbereiden

1 Doe de opdrachten van Luisteren bij Voorbereiden op de computer.

2 Doe de opdrachten van Woorden bij Voorbereiden op de computer.

Routines

Een compliment geven
Wat zit je haar leuk (goed)!
Wat zie je er mooi uit!
Wat ziet u er jong (goed) uit!
Leuke bloes!
Wat een mooie trui heb je aan! Die staat je goed.
Die trui is gewoon prachtig!

3 Doe de opdrachten van Routines bij Voorbereiden op de computer.

4.1 Welk compliment past het best bij de foto?

    a Wat ziet u er jong uit!
    b Mooi pak!
    c Wat een mooie jurk heb je aan!

1 _a_   2 _c_   3 _b_

4.2 Wie vind je het mooist? Schrijf op.

Voorbeeld
Ik vind de vrouw op foto 2 het mooist. Ik hou van mooie jurken.

_____

_____

Uitvoeren

5 Bedenk samen complimenten.

1 Je broer heeft nieuwe schoenen aan. Wat zeg je?

_____

2 Een vriendin is op vakantie geweest. Haar gezicht is bruin. Wat zeg je?

_____

3 Je moeder heeft een groene jurk aan. Haar ogen zijn ook groen. Wat zeg je?

_____

6 Geef je docent een compliment.

Loop naar je docent en geef hem of haar een compliment.

7 Geef elkaar complimenten.

Maak twee cirkels, een binnencirkel en een buitencirkel. Geef de cursist die tegenover je staat een compliment. Schuif daarna één plaats naar rechts op. Herhaal de opdracht.

Afronden

8 Bespreek samen de volgende vragen.

1 Een man geeft een man een compliment met zijn uiterlijk. Wat vind je? Kan dat?
2 Een vrouw geeft een man een compliment met zijn uiterlijk. Wat vind je? Kan dat?
3 Geef jij vaak complimenten?
4 Vind je het fijn om complimenten te krijgen?

9 Bedenk nog meer complimenten.

Lees de zinnen en bedenk een compliment.

1 Je vriend heeft een lekkere pizza gemaakt. Geef hem een compliment.

2 Je komt bij een collega thuis. Zij heeft een prachtig huis. Geef haar een compliment.

3 Je komt bij een vriendin thuis. Zij heeft lieve kinderen. Geef haar een compliment.

Cultuur

Nederlanders en complimenten

Nederlanders geven elkaar soms complimenten over elkaars haar of over elkaars kleren. De reactie is dan vaak:
- Oh, ik heb het al lang.
- Oh, het is al oud.
- Oh, ik heb het in de uitverkoop / bij de Hema gekocht.

Nederlanders zijn blij met complimenten, maar ze laten dat niet vaak merken. Ze zeggen niet vaak 'dank je wel'.

Lees de zinnen. Wanneer geef jij een compliment? Kruis aan.

	ja	nee
1 Je zus heeft een mooie jas aan.	☐	☐
2 Je vriendin draagt een nieuwe broek.	☐	☐
3 Het haar van je collega zit leuker dan anders.	☐	☐
4 Je baas heeft een mooi pak aan.	☐	☐
5 Je buurman heeft mooie blauwe ogen.	☐	☐
6 Je buurvrouw heeft mooi lang bruin haar met krullen.	☐	☐

Kijk naar de situaties bij opdracht 1. Schrijf op wat je zegt als je een compliment geeft.

1 _____
2 _____
3 _____
4 _____
5 _____
6 _____

Vergelijk je antwoorden met twee medecursisten.

Bespreek samen de antwoorden.

Slot

Bespreek samen de vragen.

1 Zien mannen en vrouwen in Nederland er anders uit dan in jouw land? Wat is anders en wat is hetzelfde?
2 Zien docenten in Nederland er anders uit dan in jouw land?

Grammatica en spelling

Dit is de theorie bij Grammatica en spelling. De opdrachten staan op www.codeplus.nl, deel 1, hoofdstuk 6, Oefenen, Grammatica en spelling.

Taak 3

Het demonstratief pronomen			Het pronomen
	hier	*daar*	
het T-shirt	**dit** T-shirt	**dat** T-shirt	
het overhemd	**dit** overhemd	**dat** overhemd	
de broek	**deze** broek	**die** broek	
de kleren	**deze** kleren	**die** kleren	

Taak 3

De comparatief en de superlatief — **Het adjectief**

Welke jurk vind je **mooier**? Deze of die?
Ik vind de gele jurk het **mooist**.
Wat draag je **liever**: een rok of een broek?
Ik draag het **liefst** een broek.

regelmatig

stellende trap	comparatief	superlatief
mooi	mooi**er**	mooi**st**
groot	grot**er**	groot**st**
klein	klein**er**	klein**st**
duur	duurd**er**	duur**st**

onregelmatig

goed	beter	best
veel	meer	meest
weinig	minder	minst
graag	liever	liefst

Let op:
De gele jurk is mooier **dan** de zwarte. Ik vind de gele jurk **het** mooist.
Ik draag liever een broek **dan** een rok. Ik draag **het** liefst een broek.

Taak 4

*Het perfectum (regelmatig) *Het verbum*

Hij	heeft	een afspraak	gemaakt.	(maken)
Ik	heb	vandaag	gewerkt.	(werken)
Ze	heeft	de trui	geruild.	(ruilen)
We	hebben	de kapper	gebeld.	(bellen)

1 Hoe maak je het perfectum?
Met een vorm van **hebben** (of soms **zijn**) + het participium perfectum.
Ik **heb** gewerkt.
Ik **ben** getrouwd.

Wanneer gebruik je **hebben**, wanneer gebruik je **zijn**? Daar zijn geen regels voor. Kijk voor informatie in het woordenboek.

2 Hoe maak je het participium?
▶▶ **ge**-maak-**t**
▶▶ **ge**-bel-**d**

Wanneer gebruik je **t** of -**d**?
▶▶ Kijk naar de ik-vorm: maa**k**, be**l**.
Is de laatste letter een s, f, t, k, ch of p? (SoFT KeTCHuP). Kies dan een **t**.
▶▶ ik maa**k** → ge-maak-**t**

Is de laatste letter een andere letter? Kies dan een **d**.
▶▶ Ik be**l** → ge-bel-**d**

Het perfectum (onregelmatig) *Het verbum*

Ik	heb	de trui	gekocht.	(kopen)
We	hebben	boodschappen	gedaan.	(doen)
Ze	is	bij de kapper	geweest.	(zijn)
Ik	ben	naar de kapper	gegaan.	(gaan)

1 Hoe maak je het perfectum?
▶▶ Met een vorm van **hebben** of **zijn** + het participium perfectum.

Wanneer gebruik je **hebben**, wanneer gebruik je **zijn**? Daar zijn geen regels voor. Kijk voor informatie in het woordenboek.

2 Hoe maak je het participium?
Het participium van onregelmatige werkwoorden moet je leren. Daar zijn geen regels voor. Kijk voor informatie in het woordenboek.

Lezen en schrijven

1 Lees de vragen en de tekst. Beantwoord de vragen.

1 Kies de beste titel.
   a Wat draag jij op Aruba?
   b Wat draag jij met kerst?
   c Wat draag jij op je werk?

2 Wie draagt speciale kleren met de kerst?
   a Martijn
   b Silvia
   c Erwin
   d Anna

3 Wat dragen de mensen in Spanje met de kerst?
   a Geen speciale kleren.
   b Mooie kleren, bijvoorbeeld een avondjurk.

Martijn:
Met kerst moet ik werken. Ik werk in een restaurant. We hebben geen speciale kleren voor de kerst. Ik draag een zwarte broek en een wit overhemd.

Silvia:
Op feestdagen trek ik een avondjurk aan. Ik kom uit Spanje en daar draagt iedereen met kerst mooie, speciale kleding. In Spanje kopen de vrouwen soms al in november

hun kerstkleding. Ze zien er met kerst prachtig uit. Kerst in een spijkerbroek? O nee, dat kan echt niet.

Erwin:
Met de feestdagen trek ik gewoon een broek aan met een shirt. Dat draag ik altijd. Ik draag geen speciale kleren met kerst. Kerstkleren zijn erg duur, ik koop ze niet. En wie draagt die kleren nog na de kerst?

Anna:
Dit jaar ga ik met kerst naar Aruba. Het is erg warm op Aruba. Ik draag dan een kort rokje met een T-shirt. Heerlijk!

2   Lees de twee e-mails. Kies een e-mail en geef antwoord.

Ha die Jan,

Kun je me helpen? Ik ga zaterdag eten met de ouders van mijn vriendin. We gaan naar een heel duur restaurant. Ik heb geen net pak. Is dat een probleem? Wat denk je?
Is een nette broek en een wit overhemd ook goed? Moet ik een stropdas om?

Help me!!
Mohammed

Ha die Sara,

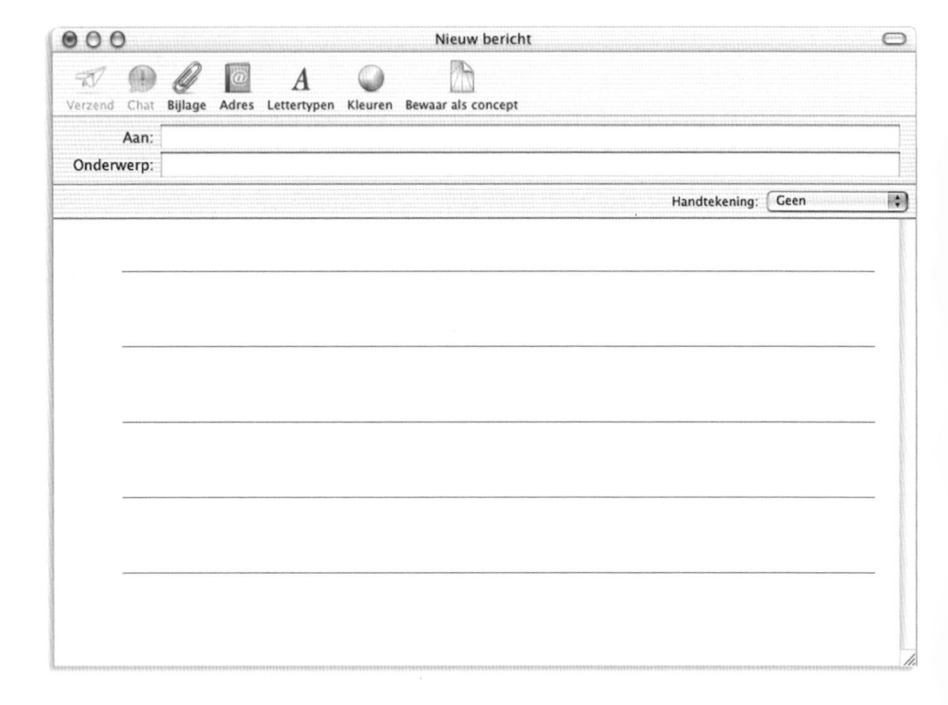

Kun je me advies geven? Ik ga zaterdag naar een belangrijk diner, maar ik weet niet wat ik aan moet doen. Wat denk je? Is mijn korte, zwarte jurk goed? Of is mijn lange, paarse jurk beter?
Moet ik naar de kapper?

Graag je advies!

Jasmin

HOOFDSTUK 7 Wat gaan we doen?

Dit hoofdstuk gaat over uitgaan.

Introductie	146
Taak 1	Een afspraak maken om uit te gaan 147
Taak 2	Iets bestellen in een restaurant 150
Taak 3	Iemand uitnodigen en reageren op een uitnodiging 154
Taak 4	Informatie over een attractiepark begrijpen 160
Slot	165
Grammatica en spelling	166
Lezen en schrijven	168

Introductie

Waar ga je graag naartoe? Kruis één of meer antwoorden aan.

- ☐ een film
- ☐ een café
- ☒ een restaurant
- ☒ een attractiepark

Taak 1 Een afspraak maken om uit te gaan

• • • Voorbereiden

1 Je wilt naar de film met je vrienden. Wat doe je? Schrijf het goede woord in de zin.

Kies uit: afspraak - film - internet - vrienden

Ik zoek op ___internet___ naar leuke films.

Ik bel mijn ___vrienden___

We kiezen samen een ___film___

We maken een ___afspraak___

2 Doe de opdrachten van Luisteren bij Voorbereiden op de computer.

3 Doe de opdrachten van Woorden bij Voorbereiden op de computer.

Routines

Een afspraak maken en reageren
- **Zullen** we vanavond wat gaan eten?
- Ja, leuk.
- **Zullen** we naar Mulder gaan?
- Goed idee.
- **Ga** je vanavond **mee** naar Mulder?
- Sorry, vanavond kan ik niet.

- Wanneer **kun** je?
- Ik kan zaterdag.
- Hoe laat **wil je** gaan?
- Half acht?
- Waar **zie** ik **je**?
- In Mulder?

4 Doe de opdrachten van Routines bij Voorbereiden op de computer.

5 Zoek op internet naar films.

Naar welke films kun je in of vlakbij jouw woonplaats? Zoek informatie over films en bioscopen. Print de informatie uit. Je hebt de informatie nodig bij opdracht 7.

• • • Uitvoeren

6 Maak een afspraak. Gebruik de 'Routines'.

Afspraak 1

Cursist A Vraag cursist B of hij morgen samen met jou wil eten in restaurant Bloemendaal.
Cursist B Je vindt het leuk en je kunt morgen. Maak een afspraak over tijd en plaats.

Afspraak 2

Cursist B Vraag cursist A of hij samen met jou wat wil drinken in café Jansen.
Cursist A Je vindt het leuk, maar je kunt vanavond niet. Maak een andere afspraak.

7 Maak een afspraak om naar de film te gaan.

Gebruik de print die je bij opdracht 5 hebt gemaakt (informatie over films en bioscopen).

Uit welke films kun je deze week kiezen? Welke films vinden jullie leuk? Kies samen een film. Maak een afspraak over de dag, de tijd en de plaats.

• • • Afronden

8 Sarah belt Stanley terug. Voer het gesprek.

Je hebt bij opdracht 2 geluisterd naar Sarah, Stanley Maarten en Marloes.

Maarten en Marloes kunnen niet eten met Sarah en Stanley. Wat doen Sarah en Stanley nu? Welke afspraak maken ze?

Draai de stoelen om. Jullie zien elkaar niet. Voer het gesprek.

Cultuur

In het café

Op donderdag- of vrijdagmiddag naar de kroeg (het café) gaan: dat doen Nederlanders vaak met vrienden of collega's. Het is gezellig om samen iets te drinken en te praten over werk en privé. Bij een biertje of een glas wijn eten ze graag een borrelhapje. Bekende snacks zijn de bitterballen. Ook bestellen ze vaak kaas of pinda's bij de borrel.

Een 'rondje' geven is een oude traditie in cafés. Je geeft al je vrienden een drankje en jij betaalt de rekening. In sommige cafés hangt een bel boven de bar. Als je aan die belt trekt, moet je iedereen in het café een drankje geven. Een rondje geven is duur. Daarom betalen Nederlanders vaak alleen hun eigen drankjes.

1. Ga jij wel eens naar het café met vrienden of collega's?
   _____

2. Geef jij wel eens een rondje?
   _____

3. Wie betaalt de rekening?
   _____

Vergelijk je antwoorden met twee medecursisten.

TAAK 2 Iets bestellen in een restaurant

• • • Voorbereiden

1 Ga je weleens naar een restaurant? Beantwoord de vragen.

1   Hoe vaak ga je naar een restaurant? Ik ga:

☐ _____ keer per week.

☐ _____ keer per maand.

☐ _____ keer per jaar.

☐ _____

2   Wanneer ga je naar een restaurant? Ik ga:
☐ op een feestdag.
☐ in een weekend.
☐ op een werkdag.
☐ nooit.

2 Doe de opdrachten van Luisteren 1 bij Voorbereiden op de computer.

3 Doe de opdrachten van Luisteren 2 bij Voorbereiden op de computer.

4 Doe de opdrachten van Woorden bij Voorbereiden op de computer.

Routines

Bestellen
Kunnen we / **Kan** ik bestellen?
Mogen we / **Mag** ik een fles rode wijn?
Voor mij een biertje alstublieft.
Ik wil graag de Hollandse garnalen en de biefstuk.
Doe mij maar Kip Marengo.
Ik neem de biefstuk.

Vragen bij de kaart
Wat is .....?
Wat zit er in de saus?
Zit er knoflook **in** de saus?

5   Doe de opdrachten van Routines bij Voorbereiden op de computer.

Uitvoeren

6.1   Voer de gesprekken met de ober.

Cursist A   Je bent klant in een restaurant en je bestelt.
Cursist B   Je bent ober en geeft antwoord.

Gesprek 1
A: (Je wilt bestellen.) Ober, kan ik .....?
B: Zegt u het maar.
A: (Je wilt biefstuk en een biertje.) ...
B: Komt in orde.

Wissel van rol.

Gesprek 2
B: Wat wilt u drinken?
A: (Je wilt een glas rode wijn.) ...
B: En wat wilt u eten?
A: (Je wilt een pizza Marguerita.) ...
B: Prima, komt in orde.

6.2 Voer de gesprekken met de ober.

Cursist B Je bent klant en je stelt vragen bij de menukaart.
Cursist A Je bent ober en geeft antwoord.

Gesprek 1
B: Wat ...?
A: Tonijn van de chef is gegrilde tonijn met tomaten.
B: Wat ...?
A: Zalm naturel is gebakken zalm.

Wissel van rol.

Gesprek 2
B: Wat zit er ...?
A: Er zit witte wijn in de saus.
B: Zit er ...?
A: Nee, er zit geen knoflook in de saus.

7 Iets bestellen in een restaurant.

Gesprek 1
Cursist A bestelt. Cursist B is de ober. Lees de kaart en de informatie op het werkblad. Cursist B begint.

Wissel van rol.

Gesprek 2
Cursist B bestelt. Cursist A is de ober. Lees de kaart en de informatie op het werkblad. Cursist A begint.

• • • Afronden

8 Bespreek samen de vragen.

1 Wat betekent: Heeft het gesmaakt?
2 Wat zeg je als je de menukaart wilt zien?
3 Wat zeg je als het eten niet lekker is?
4 Wat zeg je als je in een restaurant wilt betalen?

9 Luister naar de tekst.

Je hoort hoe het gesprek van opdracht 7 kan gaan.

Taak 3 Iemand uitnodigen en reageren op een uitnodiging

• • • Voorbereiden

1 **Je wilt je vrienden uitnodigen voor een feest. Wat doe je? Kruis aan.**

☐ Ik bel ze op.
☐ Ik schrijf een e-mail.
☐ Ik schrijf een kaartje.
☐ Ik ga naar ze toe en ik vraag het.

2 Doe de opdrachten van Luisteren bij Voorbereiden op de computer.

3 Doe de opdrachten van Woorden bij Voorbereiden op de computer.

Routines

Uitnodigen en reageren

Uitnodigen
Komen jullie zaterdagavond een borrel bij ons drinken?
Kom je zondag bij me eten?
Ik geef op zaterdag 7 mei een feest in de Flame. Je komt toch ook?
Ik geef aanstaande zaterdag een feestje. Heb je zin om te komen?

volgende

Een reactie vragen
Bel of mail me even.   *waar → sofar*
Mail even of je komt.
Bel even of je komt.

Een reactie geven
Leuk, natuurlijk komen we.
Sorry, ik kan niet. Ik heb al een afspraak.
Bedankt voor je uitnodiging. Ik kom natuurlijk.
Bedankt voor je uitnodiging, maar ik kan niet komen. Ik moet werken.

4 Doe de opdrachten van Routines bij Voorbereiden op de computer.

• • • Uitvoeren

5   Lees de e-mail van Milena. Schrijf een e-mail terug.

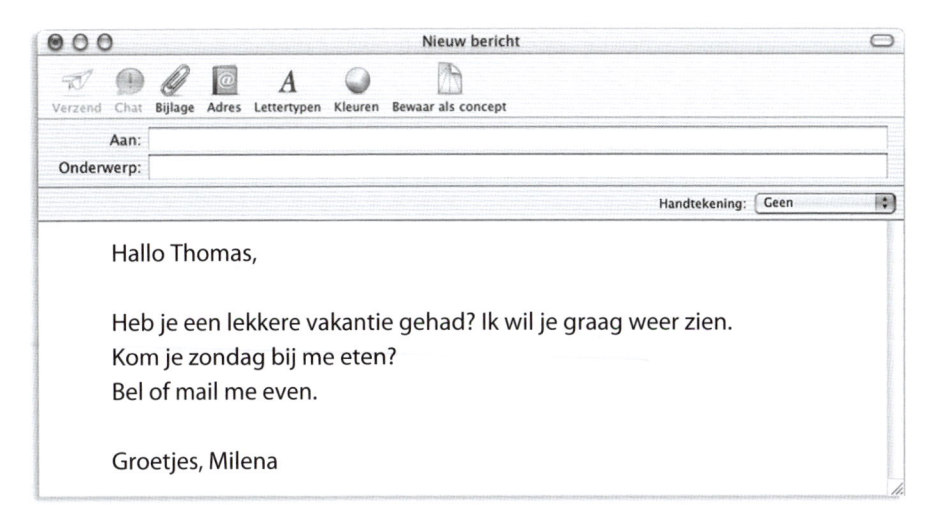

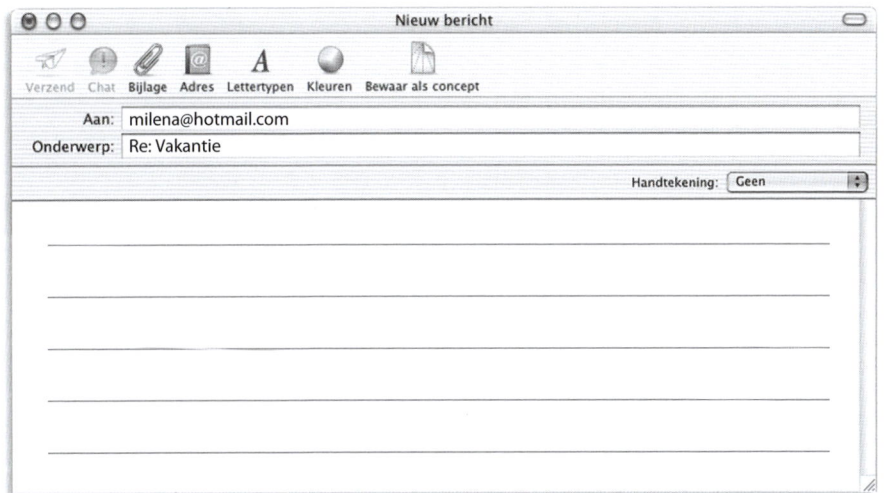

Nieuw bericht

Aan:
Onderwerp:

Handtekening: Geen

Hallo Thomas,

Heb je een lekkere vakantie gehad? Ik wil je graag weer zien.
Kom je zondag bij me eten?
Bel of mail me even.

Groetjes, Milena

Nieuw bericht

Aan: milena@hotmail.com
Onderwerp: Re: Vakantie

Handtekening: Geen

Vergelijk je e-mail met de e-mail van een andere cursist.

6.1   Bespreek de volgende vragen.

1   Hoe begin je een telefoongesprek?
2   Wat zeg je aan het eind van een gesprek?

6.2 Lees de e-mail van Alfredo. Bel Alfredo op.

Cursist A is Alfredo. Cursist B is Theresa. Theresa belt Alfredo.
Draai de stoelen om. Jullie zien elkaar niet.

Hoi Theresa,

Ik heb een nieuwe kamer en dat moeten we vieren!!
Ik geef zaterdagavond een feestje op mijn nieuwe adres: Molenweg 110.
Heb je zin om te komen? Neem dan een paar leuke cd's mee. Het wordt geweldig!

Bel even of je komt.

Alfredo

Wissel van rol.

7 Pak je telefoon. Nodig iemand uit.

Draai de stoelen om. Jullie zien elkaar niet.

Uitnodiging 1
Cursist A Je wilt koken voor cursist B. Pak je telefoon en nodig cursist B uit. Je noemt een datum, tijd en adres.
Cursist B Reageer op de uitnodiging.

Wissel van rol.

Uitnodiging 2
Cursist B Je geeft een feestje. Pak je telefoon en nodig cursist A uit. Je noemt een datum, tijd en adres.
Cursist A Reageer op de uitnodiging.

8 Nodig iemand uit. Schrijf een e-mail.

Denk aan:
Wie nodig je uit?
Waarom nodig je hem uit? Ben je bijvoorbeeld jarig?
Waar nodig je hem uit?
Is het een feest, een borrel?
Op welke datum?
Op welke tijd?
Vraag een reactie.

• • • Afronden

9 Reageer op een uitnodiging. Schrijf een brief.

Geef je e-mail van opdracht 8 aan een medecursist.
Schrijf een antwoord op de e-mail van een medecursist. Kun je niet komen?
Schrijf op waarom niet.

Geef de uitnodiging en je reactie aan de docent.

Cultuur

Feest: verjaardagen, bruiloften en het halen van diploma's

Veel Nederlanders vieren elk jaar hun verjaardag en hun trouwdag. Een verjaardag vieren ze meestal thuis met het gezin, met een paar vrienden of met familie. Op de jaarlijkse trouwdag krijgt de vrouw vaak een bos bloemen van haar man en soms gaan ze samen in een restaurant eten.

Bijzondere verjaardagen zijn de 18e, 50e, 65e en 80e verjaardag. Dan geven Nederlanders vaak een groot feest. Een bruiloft is meestal ook een groot feest, net als de 12,5e, 25e en 50e trouwdag. Een andere bijzondere gebeurtenis is het halen van een diploma, bijvoorbeeld het middelbare schooldiploma. Dan hangt soms de Nederlandse vlag met een schooltas uit het raam.

Feestvieren doen Nederlanders thuis, in een café, restaurant, op een boot, enzovoort.
Je krijgt op een feest niet altijd een hele maaltijd. Vaak krijg je koffie of thee met taart en frisdrank of alcohol met hartige hapjes.

Op bruiloften houden familie of vrienden vaak speeches en zingen ze liedjes. Ook laten ze dan graag oude familiefilms of foto's zien. Nederlanders dansen ook op feesten, maar niet altijd.

Beantwoord samen de vragen.

1 Je nodigt mensen bij je thuis uit. Kook je voor ze?

   In Nederland: _____

   In mijn land : _____

2 Je gaat eten bij een vriend. Hij kookt voor je. Neem je iets mee?

   In Nederland: _____

   In mijn land: _____

3 Heb je 'ja' geantwoord bij 3? Wat neem je mee?
   In Nederland: bloemen, een fles wijn

   In mijn land: _____

4   Iemand nodigt je uit bij hem thuis. Je hebt geen zin. Wat doe je?
    In Nederland kun je 'nee' zeggen, maar alleen op een speciale manier.
    Je kunt zeggen:
    - 'Sorry, ik kan niet. Ik moet werken.'
    - of: 'Sorry, ik kan niet. Ik heb al een afspraak.'
    - of: 'Sorry, ik kan niet. Ik ben er dan niet.' Enzovoort.
    Wat doe je in jouw land?
    ☐ Je moet gaan.

    ☐ Je kunt 'nee' zeggen. Je kunt zeggen: _____

    ☐ _____

5   Wanneer geef je in jouw land een feest?

    ☐ Je bent jarig, je bent _____ jaar geworden.

    ☐ Je gaat trouwen.

    ☐ Je bent __ jaar getrouwd.

    ☐ Je hebt een diploma gehaald.

    ☐ _____

    ☐ _____

    ☐ _____

    ☐ _____

Bespreek samen de antwoorden.

Taak 4 Informatie over een attractiepark begrijpen

• • • Voorbereiden

1 Beantwoord de vragen.

Ben je in Nederland weleens naar een attractiepark of dierenpark geweest? Ja? Hoe heet dat park? Waar is het?

_____

Nee? Ken je wel de naam van een park?

_____

2 Zoek op internet informatie over Artis. Beantwoord de vragen.

Ga op internet naar www.artis.nl. Dit is de website van de dierentuin in Amsterdam. Zoek het antwoord op de volgende vragen. Neem de informatie mee naar de les. Je hebt de informatie nodig bij opdracht 5.1.

1 Wat kost een kaartje?
_____

2 Krijgen studenten korting?
_____

3 Is Artis op dinsdag open?
_____

4 Wat is het adres van Artis?
_____

5 Kun je met het openbaar vervoer bij Artis komen?
_____

3 Zoek op internet informatie over het Noorder Dierenpark in Emmen. Beantwoord de vragen.

Ga op internet naar www.zoo-emmen.nl. Dit is de website van het Noorder Dierenpark in Emmen. Zoek het antwoord op de volgende vragen. Neem de informatie mee naar de les. Je hebt de informatie nodig bij opdracht 5.2.

1 Wat is het adres van het park? _____

2 Is het park elke dag open? _____

3 Van hoe laat tot hoe laat is het park op 10 februari open? _____

4 Wat kost een toegangskaartje voor jou? _____

4 Doe de opdrachten van Woorden bij Voorbereiden op de computer.

• • • Uitvoeren

5 Lees de vragen en de tekst. Beantwoord de vragen.

1 Wat is de Efteling?
   a een attractiepark
   b een bos

2 Waar is de Efteling?
   a in Den Bosch
   b in Kaatsheuvel

3 Kun je met het openbaar vervoer bij de Efteling komen?
   a ja
   b nee

4 Je wilt graag naar de Efteling, maar je wilt niet wachten bij de ingang. Wat kun je doen?
   a Je bestelt een kaartje online.
   b Je kunt niets doen, je moet wachten.

5 Eddy houdt van de achtbaan. Wanneer kan hij met zijn kinderen in de Python gaan?
   a Als ze groter zijn dan 1,20 m.
   b Als ze kleiner zijn dan 1,20 m.

6 Laura wil graag varen. Naar welke attracties kan zij gaan?
   a Fata Morgana en Kinderspoor
   b Fata Morgana en Polka Marina

7 Welke attractie staat in een bos?
   a Joris en de draak
   b de Sprookjesboom

De Efteling

Algemene informatie
De Efteling is een attractiepark in Kaatsheuvel, vlakbij Den Bosch en Tilburg.

Attracties en shows

• **Fata Morgana**	In een boot vaar je door de sprookjes van Duizend-en-één-Nacht.
• **Joris en de draak**	Dit is een heel grote achtbaan. Elke baan is 810 meter lang.
• **Kinderspoor**	Met de treintjes van het Kinderspoor rijden de kinderen door het park.
• **Polka Marina**	Je vaart langs een heel grote vis. Je bent toch niet bang voor water?
• **Python**	De Python is een grote achtbaan. Je moet minstens 1,20 meter zijn voor deze attractie.
• **Sprookjesboom**	In het sprookjesbos staat de Sprookjesboom. Hij vertelt je een spannend sprookje. Je kunt zelf kiezen welk sprookje.
• **Sprookjesbos**	Je wandelt in een bos met 26 sprookjes. Welke sprookjes ken je nog niet?
• **Stoomtrein**	De treintjes rijden door het prachtige groen van het park.
• **Villa Volta**	Dit huis is niet voor bange kinderen!
• **Vogel Rok**	Een spannende achtbaan door het donker. Je moet minstens 1,20 meter zijn voor deze attractie.

Praktische informatie

Adres
Europalaan 1
5171 KW Kaatsheuvel
telefoon: 0416-288488

Parkeren
Het parkeren van bussen is gratis. Het parkeren van een auto kost € 8 per dag.

Openbaar vervoer
U neemt de trein naar Tilburg of Den Bosch. Vanaf station Tilburg of Den Bosch neemt u de bus naar de Efteling.

Plattegrond
Een plattegrond van het park vindt u op onze website. U kunt ook een plattegrond kopen aan de kassa.

Online bestellen
U kunt uw toegangskaart ook online bestellen op onze website. Dan hoeft u niet te wachten bij de kassa.

Kijk voor meer informatie op de website: www.efteling.com.

6.1 Maak een afspraak. Gebruik de informatie van opdracht 2.

Cursist A Je wilt naar Artis met cursist B. Nodig hem uit. Maak een afspraak. Spreek een datum en een tijd af. Beantwoord ook de vraag van cursist B.
Cursist B Reageer op de uitnodiging. Je vindt het een goed idee. Maak een afspraak. Je kunt niet op woensdagmiddag. Stel ook een vraag over Artis.

Wissel van rol.

6.2 Maak een afspraak. Gebruik de informatie van opdracht 3.

Cursist B Je wilt naar Dierenpark Emmen met cursist A. Nodig hem uit.
Maak een afspraak. Je kunt alleen in het weekend.
Cursist A Reageer op de uitnodiging. Je hebt eigenlijk geen tijd.
Je moet werken in het weekend. Je hebt ook een andere afspraak.

Wissel van rol.

• • • Afronden

7 Lees de vragen en de tekst. Beantwoord de vragen.

1 Wat is Madurodam?

2 Wat kun je doen in Madurodam?

3 Hoeveel kost een toegangskaartje voor jou? _____

4 Je komt met een groep. Hoeveel moet je per persoon betalen? _____

5 De mensen zijn in Madurodam groter dan de gebouwen. Hoe komt dat?

Madurodam

Madurodam, in Den Haag, is een van de meeste bekende attractieparken in Nederland. In dit park zijn de belangrijkste gebouwen van Nederland op schaal 1:25 nagemaakt. Alles is dus heel klein: de Amsterdamse binnenstad, de Domtoren van Utrecht, de Alkmaarse kaasmarkt en het regeringsgebouw in Den Haag, maar natuurlijk ook windmolens, polders en dijken. Het station van Utrecht en Schiphol zijn te zien, en natuurlijk nog heel veel meer. U kunt als een reus tussen al deze maquettes doorlopen. U mag foto's maken van dit kleine Nederland.

Themaroutes Architectuur en Water

Voor wie de miniatuurstad op een andere manier wil bekijken zijn er twee bijzondere themaroutes. Vraag ze bij de receptie.
Route Architectuur: langs alle architectonische bijzonderheden van Nederland. Route Water: alle belangrijke Nederlandse waterbouwwerken in één wandeling.
Deze themaroutes zijn er in het Nederlands, Engels, Frans, Duits en Spaans bij de receptie van Madurodam.

Voor alle leeftijden

Madurodam is leuk voor alle leeftijden! In de restaurants Waterland en Paviljoen kunt u wat eten of drinken. Er zijn diverse menu's, maar u kunt ook alleen een kopje koffie bestellen.
Het park is bereikbaar met de auto. Als u met het openbaar vervoer gaat, kunt u vanaf Station Den Haag Centraal de tram of de bus richting Scheveningen nemen en uitstappen voor de ingang van Madurodam.
Madurodam is het hele jaar open.

Openingstijden en prijzen

Openingstijden	Open van	tot
1 januari t/m 30 juni	9.00	20.00
1 juli t/m 31 augustus	9.00	22.00
1 september t/m 31 december	9.00	18.00

Prijzen	Individuelen	Groepen vanaf 20 personen
Volwassenen	€ 14,50	€ 10,25
Kinderen 3-11 jaar	€ 10,50	€ 7,25
Kinderen 0-2 jaar	gratis	gratis
65+	€ 13,50	€ 10,25

Alle prijzen zijn inclusief routegids (in 13 talen verkrijgbaar: Nederlands, Engels, Frans, Duits, Spaans, Portugees, Italiaans, Tsjechisch, Pools, Russisch, Chinees, Hebreeuws en Turks).

Madurodam B.V.
George Maduroplein 1
2584 RZ Den Haag
T +31 (0)70 416 24 00
www.madurodam.nl

Slot

1 Doe de opdracht bij Slot op de computer.

2 Maak een afspraak om met de groep iets leuks te gaan doen. Kies opdracht 2.1 of 2.2

2.1 Ga met de groep naar een café. Bestel iets in het Nederlands. Luister goed naar wat de ober zegt. Wat kunnen jullie begrijpen en verstaan?

2.2 Het klaslokaal is een café of restaurant. Je docent is de ober. De cursisten zijn de klanten. Speel samen een rollenspel: bestel eten en drinken bij de ober.

Grammatica en spelling

Dit is de theorie bij Grammatica en spelling. De opdrachten staan op www.codeplus.nl, deel 1, hoofdstuk 7, Oefenen, Grammatica en spelling.

Taak 3

Het pronomen personale *Het pronomen*

- Hoe duur is die cd?
- **Hij** is maar € 7,50.

- Hoe duur zijn die cd's?
- **Ze** zijn maar € 7,50.

- Hoe vind je dit hoofdgerecht?
- **Het** is lekker.

- Mag ik die nieuwe cd even van je lenen?
- Ja hoor, ik pak **hem** even.

- Mag ik die nieuwe cd's even van je lenen?
- Ja hoor, ik pak **ze** even.

- Kunnen we het hoofdgerecht nu bestellen?
- Ja hoor, u kunt **het** nu bestellen.

▶▶ Verwijzen naar een ding:

	subject	object
de cd	→ hij	→ hem
de cd's	→ ze	→ ze
het hoofdgerecht	→ het	→ het
de hoofdgerechten	→ ze	→ ze

De plaats van 'niet' in de zin *De negatie*

▶▶ **Niet** staat vaak aan het eind van de zin.

Sorry, dat weet ik **niet**.
Sorry, ik woon hier **niet**.
Waar is die cd? Ik zie hem **niet**.

▶▶ **Niet** staat vaak vóór een woord of een groep woorden. **Niet** hoort dan bij die woorden.

De wijn is lekker.
De wijn is niet lekker.

Ik wil naar dat nieuwe eetcafé.
Ik wil niet naar dat nieuwe eetcafé.

Roos is vandaag thuis.
Roos is vandaag niet thuis.

Enkele en dubbele consonanten en vocalen — Spelling

man	man-nen
naam	na-men
zon	zon-nen
zoon	zo-nen
(ik) spel	(wij) spel-len
(ik) speel	(wij) spe-len
dun	dun-ne
duur	du-re
dik	dik-ke

▶▶ 1 Je hoort in het korte woord een korte 'a' 'o', 'e', 'u' of 'i'. Het woord eindigt op één medeklinker.
▶▶ 2 Je schrijft in het korte woord a, o, e, u, i: man, krom, spel, dun, dik.
▶▶ 3 Je schrijft twee dezelfde medeklinkers in het langere woord: mannen, kromme, spellen, dunne, dikke.

▶▶ 1 Je hoort in het korte woord een lange 'a', 'o', 'e' of 'u'. Het woord eindigt op één medeklinker.
▶▶ 2 Je schrijft aa, oo, ee, uu in het korte woord: naam, groot, speel, duur.
▶▶ 3 Je schrijft één klinker in het langere woord: namen, groter, spelen, dure.

Lezen en schrijven

1 Lees de kopjes en de tekst. Geef elke alinea een kopje.

- *Meer informatie?*
- *Prijzen*
- *Speciale vaarten*
- *Waar kunt u opstijgen?*
- *Even voorstellen*
- *Hoe lang duurt een vaart?*

Ballonvaren

Ballonvaren is heel erg leuk. U bent buiten en u vliegt heel rustig boven huizen, water en bomen. Hebt u een feest? Wilt u een dagje uit met uw collega's? Maak er een bijzondere dag van met een ballonvaart.

Wij zijn Bert en Tineke Groeneveld. Wij hebben zes ballonnen en een van die ballonnen is de grootste van de wereld. Deze ballon heet Sjoerd, hij is voor 24 personen. Renske is voor veertien personen. We hebben ook kleine ballonnen. Sjoukje is bijvoorbeeld voor drie personen.

U kunt opstijgen vanaf Kolderwolde, Leeuwarden, Assen, Emmen, Meppel, Zwolle, Dedemsvaart en Oldenzaal.

U vaart één tot anderhalf uur, dat is ongeveer twintig tot dertig kilometer. U weet waar u vertrekt, maar u weet niet waar u aankomt!

De kosten zijn € 99 per persoon. Op dit moment is er een aanbieding. Vertrekt u in Kolderwolde? Dan kost de ballonvaart € 89 per persoon.

De nachtvaart is een spannende vaart in het donker van ongeveer twee uur. Kosten: € 120 per persoon.
U kunt ook over heel Nederland varen in ongeveer drie uur. Kosten: € 139 per persoon.

U kunt ons bellen of e-mailen voor meer informatie. Ook kunt u per e-mail of telefoon een ballonvaart boeken.

Ballonsport Sportief
Appelstraat 12
2212 TG Kolderwolde
telefoon: 0107-123456
e-mail: info@sportief.nl

2 Lees de brief. Schrijf een e-mail aan Max en Liesbeth.

> Beste familie en vrienden,
>
> Op vrijdag 7 mei zijn wij 25 jaar getrouwd. Dat willen we graag met jullie vieren op zaterdag 8 mei. We gaan varen op de IJssel. De boot vertrekt om 13.00 uur vanaf de IJsselkade nummer 25 in Zutphen. Om 18.00 uur komen we daar terug.
> Bel of mail ons even of je komt.
>
> Graag tot dan!
>
> Max en Liesbeth van Kesteren
> Beukerstraat 5
> 1234 ZX Zutphen
> telefoon: 0575 - 443501
> e-mail: mvkesteren@xs4all.nl

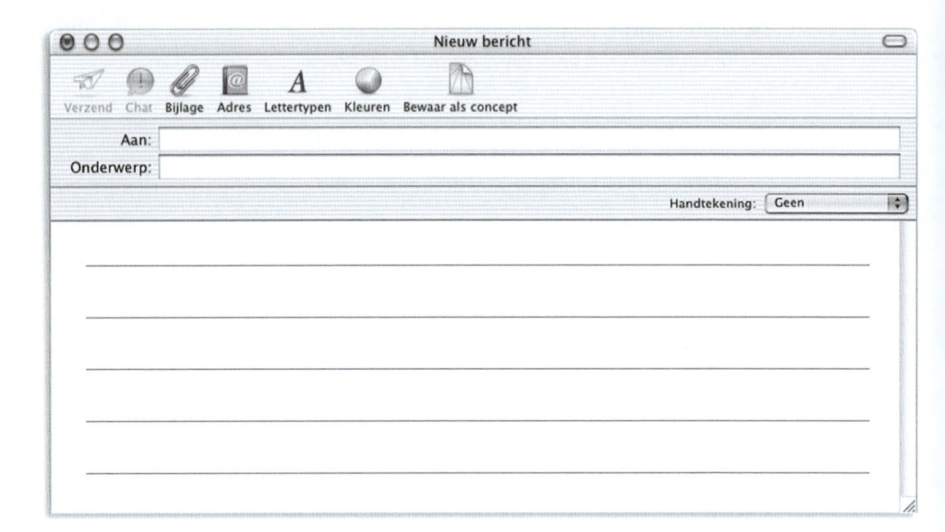

3 Schrijf een e-mail aan Tatiana.

Je bent op school of op de universiteit. Alle cursisten werken op de computer. De computerles duurt tot 12.00 uur. Je wilt graag na de les een kopje koffie drinken met Tatiana.
Schrijf Tatiana:
- hoe laat je met haar een kopje koffie wilt drinken;
- waar je een kopje koffie wilt drinken.

Antwoorden

Hoofdstuk 1

Introductie

1 b; c
2 a; d; e

Taak 1

Opdracht 1
Jezelf voorstellen: a; b; d
Iemand anders voorstellen: c; e; f

Taak 2

Opdracht 10

Envelop 1
Maarten van Putten
Uilenstede 223
1183 AD Amstelveen

Envelop 2
Eddy Chen
Sonneveldstraat 101
1382 XH Weesp

Envelop 3
Yvonne van der Meer
Nieuwe Gracht 29
1381 AC Weesp

Taak 3

Opdracht 1
1 je
2 je
3 u
4 u
5 je
6 je / u

Taak 4

Opdracht 2
1 Achternaam   j
2 Voornamen   l
3 Straat   i
4 Huisnummer   b
5 Postcode   e
6 Plaats   f
7 Telefoonnummer k
8 Geboortedatum g
9 Geboorteplaats d
10 Geslacht   a
11 Nationaliteit h
12 Handtekening c

Opdracht 4
Wat is je achternaam?
Wat is je voornaam?
In welke straat woon je? / Wat is je adres?
Wat is je postcode?
Wat is je woonplaats?
Wat is je telefoonnummer?
Wat is je geboortedatum?
Wat is je geboorteplaats?
Wat is je geslacht?
Wat is je nationaliteit?

Opdracht 5

Voornaam	Peter	Leila	Maria Lucia
Achternaam	Van Elst	Nersesjan	Bertolli
Straat	Nieuwstraat	Singel	Zijlstraat
Huisnummer	19	83	10
Postcode	1012 XP	3835 AL	9744 DK
Plaats	Amsterdam	Amersfoort	Groningen
Telefoonnummer	020-6254319	033-1678902	050-3133282
Geboortedatum	20-05-1962	05-03-1982	23-12-1975
Geboorteplaats	Haarlem	Teheran	Rome
Geslacht	m	v	v
Nationaliteit	Nederlandse	Iraanse	Italiaanse

Lezen en schrijven

Opdracht 1
Ik **ben / heet** Lars Borg. Ik kom **uit** Zweden. Mijn **geboortedatum** is tien april 1969 en mijn geboorteplaats is Stockholm. Ik **woon** nu in Utrecht in de Kanaalstraat op **nummer** 12. Ik ben manager en ik **werk** in Amsterdam. Mijn **vrouw** is huisarts. We hebben drie kinderen: twee **dochters** en één zoon.

Hoofdstuk 2

Introductie

Opdracht 2
5   Maarten is bij André.
3   Maarten gaat naar de douche.
1   De telefoon gaat.
4   Maarten gaat weg.
2   Maarten belt met André.

Taak 1

Opdracht 2
1   maandag (4 april)
2   maandag (4 april) en dinsdag (5 april)
3   11.00

Opdracht 11
Vergelijk je antwoorden met de tekst van opdracht 4.

Taak 2

Opdracht 1
1 c; 2 e; 3 b; 4 a; 5 d

Opdracht 2
1 g; 2 a; 3 b; 4 e; 5 c; 6 d; 7 f

Taak 3

Opdracht 1
1   maandag, woensdag, vrijdag
2   maandag tot en met zondag
3   maandag, dinsdag, donderdag

Opdracht 7
1 op maandag, dinsdag, woensdag, donderdag en vrijdag
2 twee keer per uur
3 24 minuten
4 om 15.01 uur
5 over 9 minuten

Taak 4

Opdracht 5
1 f; 2 c; 3 e; 4 b; 5 a; 6 d

Opdracht 8

> 1 Hallo Mihriban,
>
> Je bent jarig! Gefeliciteerd.
> Hoe oud ben je geworden?
> Tot zaterdag,
> Groetjes (Groeten),
>
> Annemarie

Opdracht 9

> 2 Dag mevrouw de Vos,
>
> U bent vandaag 95 jaar geworden.
> Hartelijk gefeliciteerd met uw verjaardag.
> Over vijf jaar bent u honderd jaar oud!
> Hartelijke groeten,
>
> Mevrouw Van Veen

Lezen en schrijven

Opdracht 1
maandag 10.00 - 11.00 uur
woensdag 20.00 - 21.00 uur
vrijdag 14.00 - 15.00 uur

Opdracht 2
afspraak met: James
dag: donderdag
datum: 18 juni
plaats: in restaurant Jimbani
tijd: om 19.15 uur

Opdracht 3
1 Yvonne
2 Lex en Roos
3 Tim
4 b

Hoofdstuk 3

Introductie

Opdracht 1
1 c; 2 b ; 3 d; 4 a

Taak 1

Opdracht 3
1

hartig	zoet
kaas, olijven, chips, patat, vleeswaren, pinda's	koekjes, jam, hagelslag, chocola

2

naam	lekker	niet lekker
Anne	zoet, jam, hagelslag, hartig, chips, patat	kaas, pinda's, olijven, rijst
Paul	appels, hartig, pinda's, pizza, kaas, vleeswaren, fruit, bananen, koekjes	jam

3

lekker	niet lekker
Zoet vindt ze heerlijk. Anne vindt hartig ook lekker. Ze is bijvoorbeeld gek op chips en patat. Paul houdt van hartig. Kaas vindt hij lekker, pinda's ook. Hij houdt ook van pizza. Fruit vindt hij wel lekker. En hij eet ook graag koekjes!	Anne houdt niet van kaas. Pinda's vindt ze niet zo lekker. En ze houdt niet van olijven en rijst. Hij lust geen brood met jam.

Taak 2

Opdracht 1
1   1 a; 2 c; 3 b

2   1 b; 2 c; 3 a; 4 d

Opdracht 3

	supermarkt	markt	andere winkel
vis		x	
rijst	x		
kaas		x	
toiletpapier	x		
brood			x
fruit		x	
vlees			x
eieren	x		
melk	x		

Opdracht 6.1
Hij gaat naar de markt. Hij koopt een kilo **appels**, een pond bananen en kaas.
Bij de bakker koopt Pieter **een bruin brood** en een half wit.
Bij de bakker koopt hij ook **een pond** koekjes.
Hij gaat naar de slager en koopt een **pond gehakt** en **drie ons** vleeswaren.
Bij de groentewinkel koopt Pieter **tomaten**, champignons en sperziebonen.
In de supermarkt koopt hij eieren, **pasta**, jam en melk.

Opdracht 6.2
b

Taak 3

Opdracht 1
water; koffie; wijn, bier; thee; melk, frisdrank

Opdracht 9
Wil je wat drinken?
Biertje?
Wat willen jullie drinken?
Nee, liever iets fris.
Proost!

Taak 4

Opdracht 1
bij de pizzeria, bij de Chinees, en bijvoorbeeld bij een shoarmatent

Opdracht 5.1
1 Goedenavond, pizzeria Pinocchio.
3 Dat kan. Welke pizza's wilt u?
5 Wat is uw adres?
2 Goedenavond. Ik wil graag drie pizza's bestellen.
4 Een pizza Hawaï, een pizza Vegetale en een pizza Milano, alstublieft.
6 Parkstraat 84.

Opdracht 6.1
4 Stationsweg 23.
7 Oké, ik kom de boodschappen vanmiddag bezorgen.
2 Goedemorgen, met Eric Mast. Ik wil graag boodschappen bestellen.
3 Dat kan. Wat is uw adres?
5 Zegt u het maar.
6 Een kilo kaas, een pond pinda's, vier witte wijn, 24 biertjes, vijf cola.
8 Dank u wel.
1 Goedemorgen Alberto's bezorgservice.

Lezen en schrijven

Opdracht 1
1 b; 2 c; 3 a

Hoofdstuk 4

Introductie

1 c; 2 a; 3 d; 4 b; 5 e

Taak 1

Opdracht 1
1 c; 2 f; 3 b; 4 e; 5 d; 6 a; 7 g

Taak 2

Opdracht 1.1
1 c; 2 a; 3 d; 4 b

Opdracht 1.2
a te koop; b te huur; c te huur; d te koop

Opdracht 5
1 a; 2 b; 3 b; 4 b; 5 a

Opdracht 6
1 e; 2 d; 3 c; 4 b; 5 a

Opdracht 7.2
huurder 1 + woning 3
huurder 2 + woning 4
huurder 3 + woning 10
huurder 4 + woning 1
huurder 5 + woning 2
huurder 6 + woning 8
huurder 7 + woning 5
huurder 8 + woning 6
huurder 9 + woning 9
huurder 10 + woning 7

Taak 3

Opdracht 1
1   bank: d, i
2   tafel: b, e
3   kast: a, g, h
4   stoel: c, j
5   bed: f, k, g

Taak 4

Opdracht 1
b

Opdracht 3
4   Ja, dat is prima. Ik kan dan wel.
2   Goedemiddag, u spreekt met Hanne de Groot. Ik heb een brief van u gekregen. Ik kan de woning aan de Eikenlaan 63 bekijken. Ik wil graag een afspraak maken.
5   Goed, dan kunt u het huis op 27 mei om 16.00 uur bekijken.
1   'Goed Wonen', goedemiddag.
6   Fijn, bedankt en tot de zevenentwintigste.
3   Kunt u maandag 27 mei om 16.00 uur?
7   Dag mevrouw.

Lezen en schrijven

Opdracht 1
Zin 'd' hoort in de tekst.

Hoofdstuk 5

Taak 1

Opdracht 5.1
Op straat
4   De Daltonstraat? Die is vlakbij.
2   Natuurlijk.
1   Meneer, mag ik u iets vragen?
3   Weet u waar de Daltonstraat is?

Op straat
2   De Grote Markt is aan het eind van deze straat.
3   Fijn. Dank u wel!
1   Mevrouw, weet u waar de Grote Markt is?
4   Graag gedaan.

Op school
2   Dat is op de eerste verdieping. Je kunt hier de lift nemen.
4   Graag gedaan.
3   Dankuwel.
1   Goedemorgen. Ik moet naar kamer 301. Weet u waar dat is?

In een museum
3 Dank u.
1 Meneer? Weet u waar het restaurant is?
4 Graag gedaan.
2 Dan moet u hier de trap op.

In een supermarkt
2 Ja hoor.
3 Ik zoek de cola.
4 Sorry, ik werk hier niet
1 Mag ik je iets vragen?

In een boekwinkel
2 Dan moet je naar boven.
3 Bedankt.
1 Hallo, ik zoek een boek over computers.
4 Graag gedaan.

Taak 2

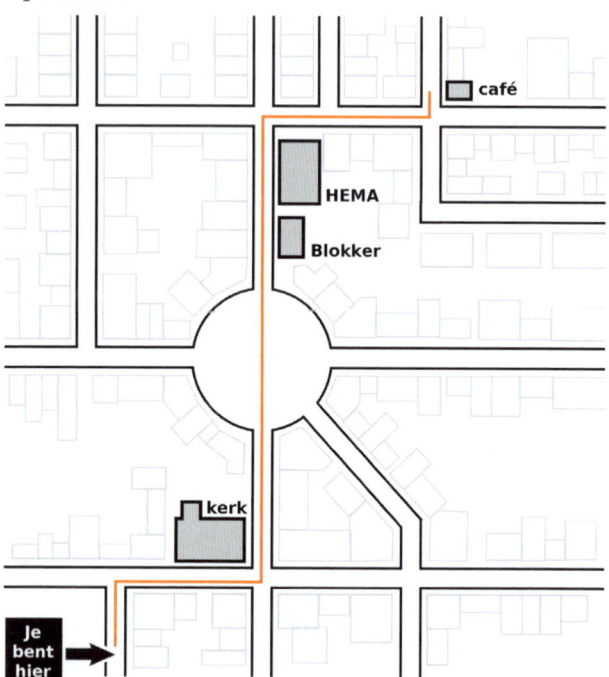

Opdracht 5

Opdracht 6
6   Dan kom je bij het station.
4   Je gaat linksaf, de brug over.
3   Je loopt langs het water.
2   Bij het water ga je rechtsaf.
5   Je loopt steeds maar rechtdoor.
1   Je gaat rechtdoor de Hoenderstraat in.

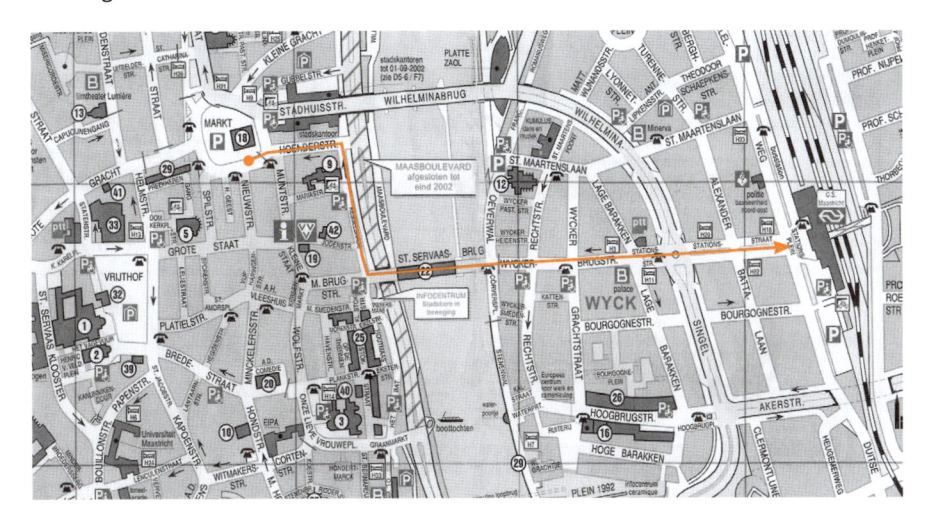

Opdracht 7.1

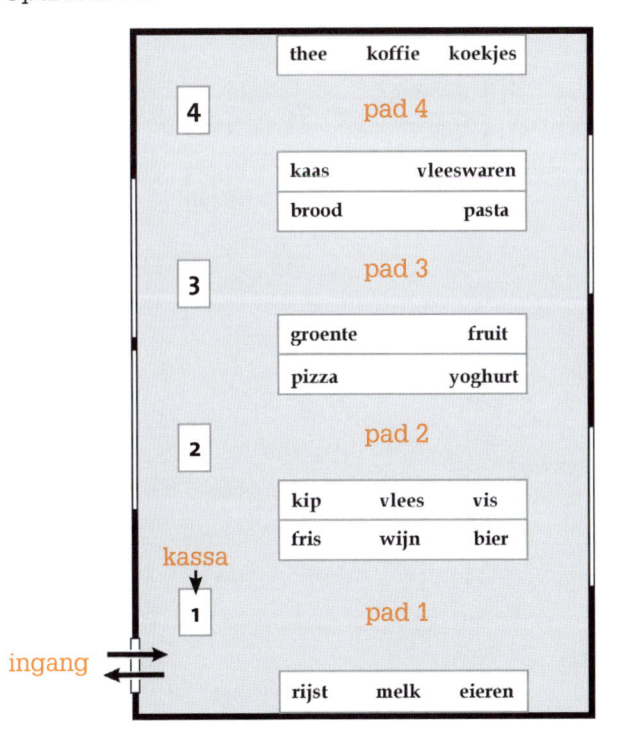

Opdracht 7.2
1 c; 2 a

Opdracht 7.3
1 Zie de plattegrond hiervoor (bij opdracht 7.1).
2 c; 3 c

Opdracht 8

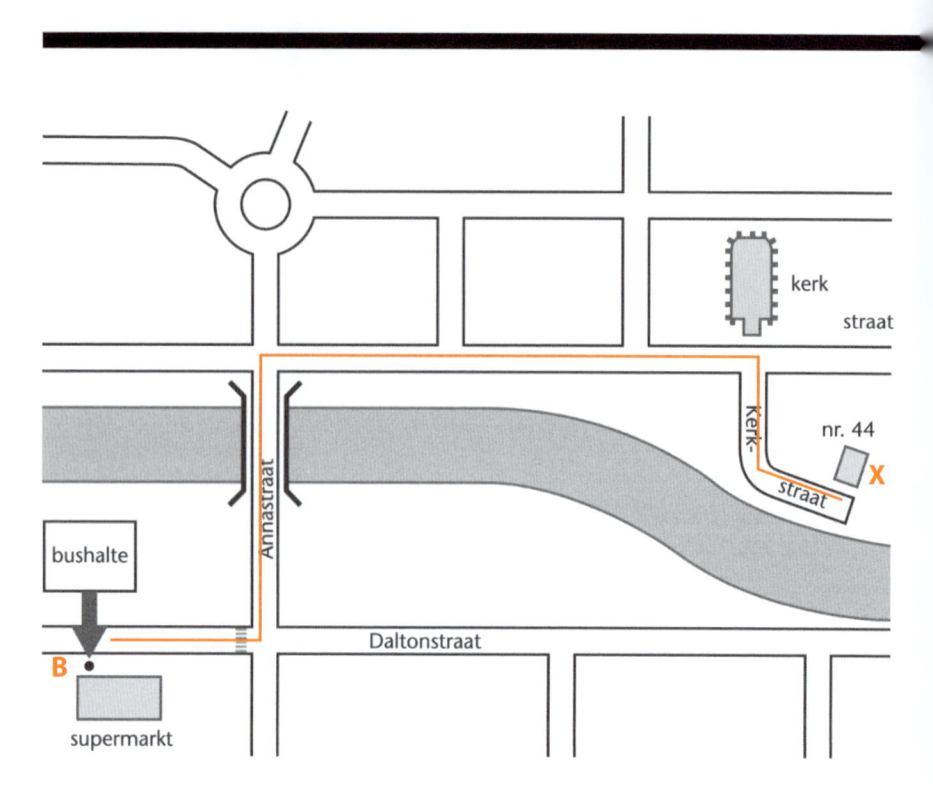

Taak 3

Opdracht 7
1 a; 2 b; 3 b

Opdracht 8
1 a

Taak 4

Opdracht 3.1
a

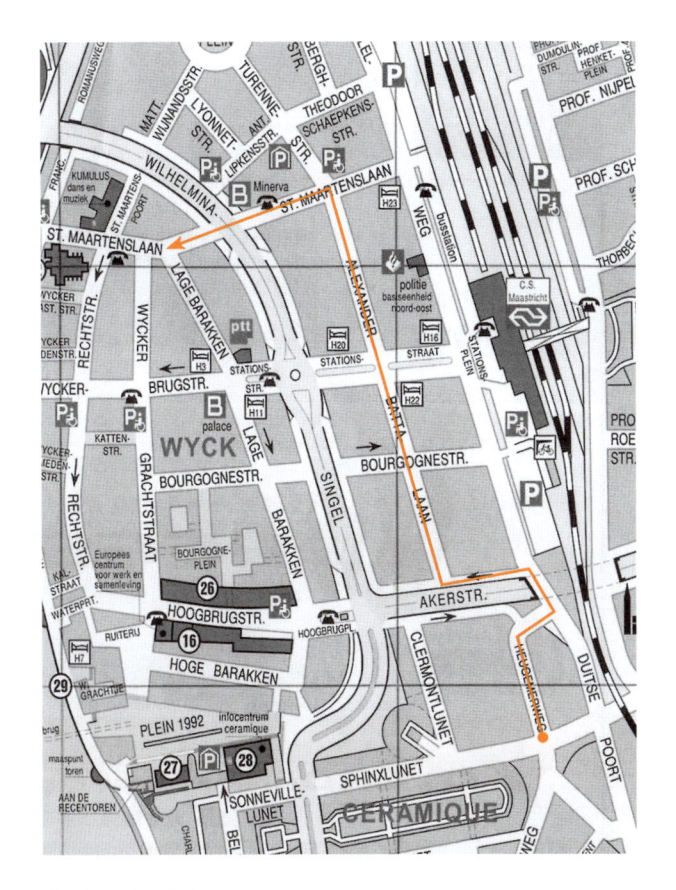

Opdracht 3.2
Ze fietst naar de Alexander Battalaan.
Daar gaat ze **rechtsaf**.
Aan het **eind** van de **straat** gaat ze **linksaf**.
Dat is de **Akerstraat**.
Ze neemt de **eerste** straat **rechts**.
En dan weer de eerste straat **rechts**.
Dat is de **Heugemerweg**.
Daar woont ze.

Opdracht 4
Ik loop **naar** de Platielstraat.
In de Platielstraat neem ik de **derde** straat **links**.
Dat is **de Vijf Haringen**straat.
Bij de Grote Staat ga ik **rechtdoor**.
Dan kom ik op de Markt.

Lezen en schrijven

Opdracht 1
1 a; 2 b

Hoofdstuk 6

Taak 1

Opdracht 8.2

Een stewardess van de KLM draagt een blauw uniform: een blauw jasje en een blauwe rok. Ze draagt een witte bloes.

Taak 3

Opdracht 4
1 c; 2 d; 3 a; 4 b

Opdracht 5

	De kleur is niet goed.	De maat is niet goed.	De kleren zijn kapot.
Ik wil liever een zwarte broek.	x		
Ik vind de rok te klein.		x	
De rits is stuk.			x
Ik vind het pak te groot		x	
Er zit een gat in het overhemd.			x
Ik zoek toch een blauwe jas, geen zwarte.	x		
Er is een knoop af.			x

Opdracht 6
Gesprek 1
2 Deze jas is te groot. Kan ik hem ruilen?
4 Dank u wel.
1 Goedemorgen, kan ik u helpen?
3 Natuurlijk.

Gesprek 2
3 Natuurlijk. Pakt u maar een ander.
4 Dank u wel.
2 Dag, kan ik dit overhemd ruilen? Er is een knoop af.
1 Dag, zegt u het maar.

Gesprek 3
3 Ja hoor, alstublieft.
1 Dag meneer, kan ik deze rok ruilen? Ik wil hem graag één maat kleiner.
2 Ik zal even kijken of ik die nog heb. (...) Ja, die is er nog. Hebt u de bon?
4 Dank u wel. En hier is de andere rok.

Opdracht 11
1 a; 2 b

Taak 4

Opdracht 4.1
1 a; 2 c; 3 b

Opdracht 5
Voorbeeldantwoorden:
1 Wat een mooie schoenen!
2 Wat ben je bruin! Heb je een lekkere vakantie gehad?
3 Die jurk staat je goed, mam! Hij staat mooi bij je ogen!

Opdracht 9
Voorbeeldantwoorden:
1 Wat een heerlijke pizza is dit!
2 Je hebt een erg mooi huis!
3 Wat zijn jouw kinderen lief! Ze spelen gezellig samen!

Lezen en schrijven

Opdracht 1
1 b; 2 b; 3 b

Hoofdstuk 7

Taak 1

Opdracht 1
1 Ik zoek op **internet** naar leuke films.
2 Ik bel mijn **vrienden**.
3 We kiezen samen een **film**.
4 We maken een **afspraak**.

Taak 2

Opdracht 6.1
Gesprek 1
- Ober, kan ik bestellen? / Ober, kunnen we bestellen?
- Ik wil graag een biefstuk en een biertje. / Mag ik een biefstuk en een biertje? / Een biefstuk en een biertje alstublieft.

Gesprek 2
- Een glas rode wijn alstublieft.
- Ik wil graag een pizza Marguerita. / Mag ik een pizza Marguerita? / Doe mij maar een pizza Marguerita. / Voor mij een pizza Marguerita.

Opdracht 6.2
Gesprek 1
- Wat is Tonijn van de chef?
- Wat is Zalm naturel?

Gesprek 2
- Wat zit er in de saus?
- Zit er knoflook in de saus?

Opdracht 8
1 Was het eten lekker? Vond je/u het eten lekker?
2 Mag ik de menukaart? / Mag ik de kaart even zien?
3 Ik vind het eten niet lekker. / Het eten is niet zo lekker.
4 Mag ik de rekening? / Kan ik even betalen?

Taak 3

Opdracht 5

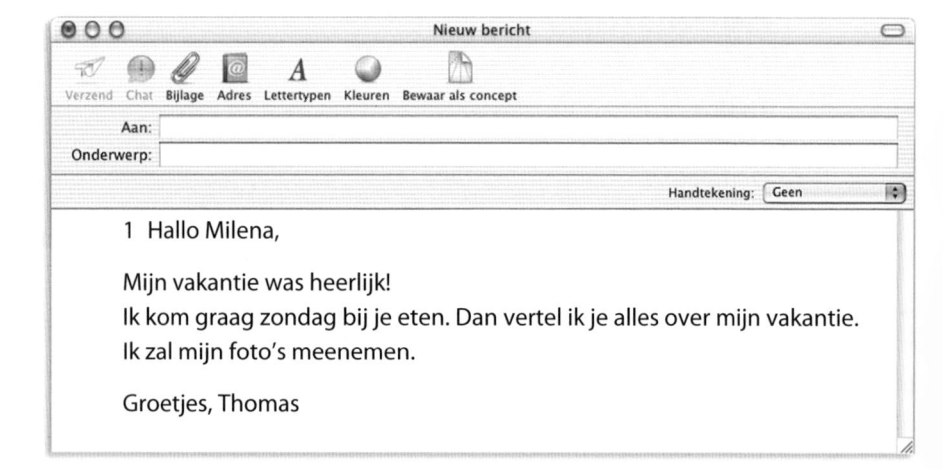

1 Hallo Milena,

Mijn vakantie was heerlijk!
Ik kom graag zondag bij je eten. Dan vertel ik je alles over mijn vakantie.
Ik zal mijn foto's meenemen.

Groetjes, Thomas

Taak 4

Opdracht 2
(Antwoorden zijn van april 2011 en kunnen veranderd zijn.)
1   jeugd (3 t/m 9 jaar) € 15,50; normaal (10 t/m 64 jaar) € 18,95; senior (65+) € 17,50
2   Studenten van UvA, VU en HvA krijgen € 2,50 korting.
3   ja
4   Parklaan 38-40, 1018 CZ Amsterdam
5   ja

Opdracht 3
(Antwoorden zijn van april 2011 en kunnen veranderd zijn.)
1   Hoofdstraat 18, 7811 EP Emmen
2   ja
3   van 10.00 tot 16.30 uur
4   (10 t/m 64 jaar) € 19,50

Opdracht 5
1 a; 2 b; 3 a; 4 a; 5 a; 6 b; 7 b

Opdracht 7
1   Madurodam is een attractiepark.
2   Kijken naar belangrijke gebouwen van Nederland; bijzondere themaroutes lopen, bijvoorbeeld *architectuur* en *water*.
3   € 14,50
4   € 10,25
5   Alles is klein in Madurodam.

Lezen en schrijven

Opdracht 1
Even voorstellen
Waar kunt u opstijgen?
Hoe lang duurt een vaart?
Prijzen
Speciale vaarten
Meer informatie?

Opdracht 2

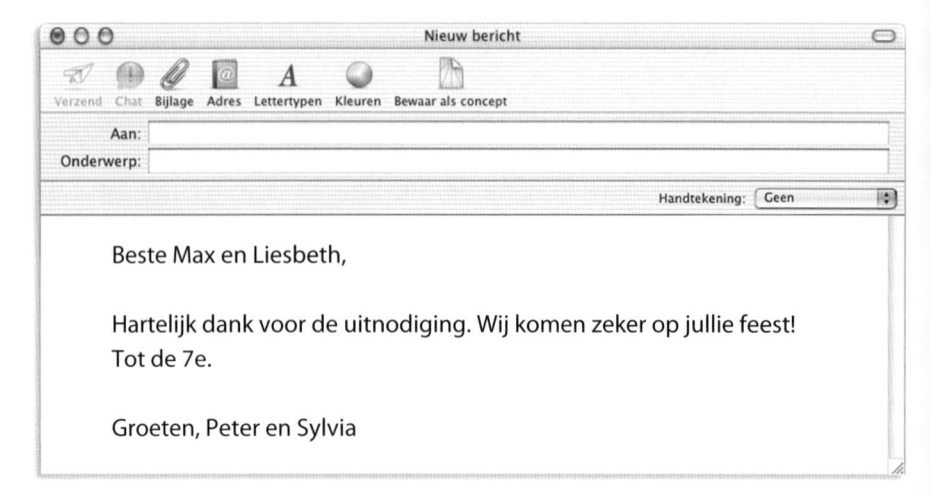

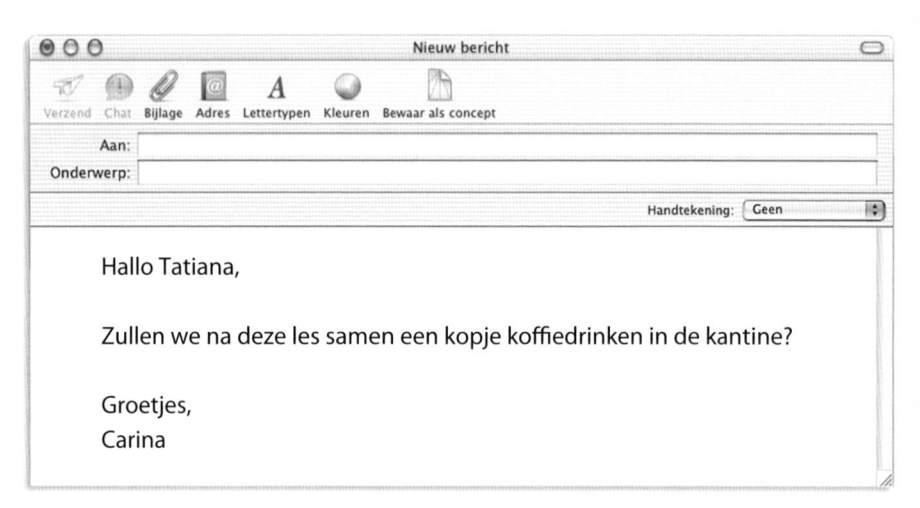

1

Beste Max en Liesbeth,

Hartelijk dank voor de uitnodiging. Wij komen zeker op jullie feest!
Tot de 7e.

Groeten, Peter en Sylvia

2

Hallo Tatiana,

Zullen we na deze les samen een kopje koffiedrinken in de kantine?

Groetjes,
Carina

Grammatica en spelling

Hoofdletters en leestekens   *De zin*

1 Een zin begint met een hoofdletter. (A, B, C enzovoort.)
2 Aan het einde van de zin staat een punt. (.)
3 Aan het einde van een vraagzin staat een vraagteken. (?)
4 De komma is een pauze binnen een zin. (,)

De les duurt van half twee tot drie uur.
Hoe laat is het?
Ja, ik ben bijna klaar.

Grammatica en spelling

Enkele en dubbele consonanten en vocalen   *Spelling*

man	man-nen
naam	na-men
zon	zon-nen
zoon	zo-nen
(ik) spel	(wij) spel-len
(ik) speel	(wij) spe-len
dun	dun-ne
duur	du-re
dik	dik-ke

▶▶ 1 Je hoort in het korte woord een 'korte' klank: /a/, /o/, /e/, /u/, of /i/. Het woord eindigt op <u>één</u> medeklinker.
▶▶ 2 Je schrijft in het korte woord a, o, e, u, i: man, krom, spel, dun, dik.
▶▶ 3 Je schrijft twee dezelfde medeklinkers in het langere woord: ma**nn**en, kro**mm**e, spe**ll**en, du**nn**e, di**kk**e.

▶▶ 1 Je hoort in het korte woord een 'lange' klank: /aa/, /oo/, /ee/ of /uu/. Het woord eindigt op <u>één</u> medeklinker.
▶▶ 2 Je schrijft aa, oo, ee, uu in het korte woord: naam, groot, speel, duur.
▶▶ 3 Je schrijft één klinker in het langere woord: na**m**en, gro**t**er, spe**l**en, du**r**e.

Overzicht Grammatica en spelling

Onderwerp	Hoofdstuk en taak
De zin	
Subject en persoonsvorm	1.4
Vraagwoordvragen	2.2
De vraagzin	3.1
Hoofdletters en leestekens	2.2
Hoofdzin met inversie	4.1
Het verbum	
Het presens	1.1
'Hebben' en 'zijn' in het presens	1.4
Modale hulpwerkwoorden	5.4
Het perfectum; regelmatig	6.4
Het perfectum; onregelmatig	6.4
Het pronomen	
Het pronomen personale als subject	1.1
Het pronomen personale als object	5.1
Het possessief pronomen	4.1
Het demonstratief pronomen	6.3
Het pronomen personale	7.3
Het substantief	
Singularis en pluralis	4.1
Het artikel	
'De', 'het' en 'een'	3.1
Het adjectief	
Wel of geen '-e' achter een adjectief	4.3
De comparatief en de superlatief	6.3
Het telwoord	
Rangtelwoorden	4.4
De negatie	
'Niet' of 'geen'	3.2
De plaats van 'niet' in de zin	7.3
Spelling	
Enkele en dubbele consonanten en vocalen	7.4

Overzicht Routines

Titel	Hoofdstuk en taak
Iets aanbieden en reageren	3.3
Afkeuren en waarderen	4.3
Een afspraak maken en reageren	7.1
Beschrijven	4.1
Bestellen	7.2
Een compliment geven	6.4
Feliciteren	2.4
Het gewicht	3.2
Groeten	1.3
Informatie vragen over het openbaar vervoer	5.3
Iets kopen op de markt of in een winkel	3.2
Lekker en niet lekker	3.1
Een mening geven	4.1
Een routebeschrijving begrijpen	5.2
Ruilen en geld terugvragen	6.3
Sorry zeggen en reageren	4.2
Telefoneren	4.4
Tijd 1	2.2
Tijd 2	2.3
Uitnodigen en reageren	7.3
Een vervoerbewijs kopen	5.3
Voorstellen	1.1
Vragen stellen en antwoord geven	1.1
De weg vragen	5.1

Woordenlijsten

Woordenlijst per hoofdstuk en taak

Hoofdstuk 1

Intro
achternaam, de
autorijles, de
dochter, de
en
familie, de
geven (geeft)
hebben
heten
huisarts, de
in
jaar, het
kinderen, de (het kind)
komen
man, de
met
moeder, de
naam, de
nieuw
nu
nummer, het
op
uit (ik kom uit…)
vandaan
voornaam, de
vrouw, de
werken
winkel, de
wonen
zijn (ben, bent, is)
zoon, de
zus, de

Taak 1
bedanken
beginnen
bij
binnenkomen
broer, de
gaan
goed
hoe (hoe heet je?)
ja
meedoen
meneer, de
mevrouw, de
moeten
nee
ook
vader, de
voorstellen
waar
wat
wie
zitten
zullen (zal)

Taak 2
achter
adres, het
bellen
cijfer, het
cursus, de
dankuwel
fijn
geen
huis, het
kijken
klopt dat?
krant, de
niet
ongeveer
plaats, de
postcode, de
soms
staan (de postcode staat op de brief)
straat, de
telefoonboek, het
vandaag
volgen
welk

Taak 3
groeten
kennen
vriend, de
weer
weggaan
willen

Taak 4
datum, de
formulier, het
geboorte, de
geslacht, het
handtekening, de
hier
invullen
maart
nationaliteit, de
Nederlands(e)
onder
persoonlijk
zetten (een handtekening zetten)
zoeken

Slot
daar
dan
doen
kunnen
leuk
mobiele telefoon, de
naar
restaurant, het
snel

student, de
studeren
wachten

Hoofdstuk 2

Intro
afspraak, de
bijna
douche, de
gelijk
minuut, de
net
over (over 10 minuten)
sorry
te (te laat)
thuis
tijd, de
uur, het (om 3 uur)
veel
wakker

Taak 1
avond, de
lesgeven
middag
morgen
morgen, de
nacht, de
ochtend, de
of
opschieten
rijden
's avonds
's middags
's morgens
's nachts
's ochtends
sporten
vanavond
vanmiddag

Taak 2
aflopen

alweer
collega, de
eten
feest, het
graag (welke programma's wil je graag zien?)
half
hoe laat
klaar
kwart, het (tijd)
kwartier, het
laat
land, het
lang
les, de
over (kwart over twee)
precies
programma, het (tv)
verjaardag, de
voor (vijf voor acht)
vriendin, de

Taak 3
ander
anderhalf
bus, de
centrum, het
dag, de
duren
dus
hoeveel
keer, de (twee keer per week)
maand, de
per (twee keer per week)
station, het
tot (van ... tot)
vaak
vakantie, de
volgend
vrij
week, de

Taak 4
al
danken (dank je wel)
feliciteren
geboren
hartelijk (hartelijk gefeliciteerd)
hartelijk (hartelijke groeten)
jarig (ik ben jarig)
jong
kalender, de
oud
pas (pas 19)
toch (dat is toch niet oud)
tot (tot zaterdag)
vieren
wanneer
wc, de
worden
ziekenhuis, het

Hoofdstuk 3

Intro
bakker, de
bezorgen
brood, het
drinken
glas, het (glaasje)
kopen
wijn, de

Taak 1
aardappel, de
appel, de
banaan, de
bijvoorbeeld
boodschap(pen) de
fruit, het
gehakt, het
gek zijn op
groente, de
hagelslag, de
hartig

heerlijk
houden van
jam, de
kaas, de
kiezen
kip, de
koekje, het
kosten
lekker
lekker vinden
lusten
maken
melk, de
mogen
nooit
ontbijt, het
patat, de
pinda, de
rijst, de
school, de
sperzieboon, de
thee, de
vegetariër, de
vis, de
vlees, het
vleeswaren, de
water, het
zo (ik houd niet zo van bier)
zoet
zout, het

Taak 2
alstublieft
beurt, de
bruin
champignon, de
duur
ei, het (eieren)
goedkoop
graag (twee koffie graag)
gram
kilo, de
markt, de
ons, het

pond, de
slager, de
snijden (gesneden)
supermarkt, de
tas, de (tasje erbij?)
tomaat, de
verkoper, de
wit

Taak 3
aanbieden
alsjeblieft
bier(tje), het
dorst, de (dorst hebben)
fris, het
gezellig
halen
iets
koffie, de
kop, de
proost
wat (iets)
zin hebben in

Taak 4
avondeten, het
bestellen
boterham, de
eten, het
klant, de
klein
lunch, de
meestal
salami, de
soort, de
tussen
warm

Slot
band, de
bijzonder
gerecht, het
meenemen
mooi

pannenkoek, de

Lezen
alles

Hoofdstuk 4

Intro
appartement, het
boot, de
flatgebouw, het
rijtjeshuis, het
villa, de

Taak 1
alleen
bad, het
balkon, het
beetje, het
beneden
boven
daarom
delen
dorp, het
fantastisch
gezin, het
groot
hal, de
hartstikke
kamer, de
kast, de
keuken, de
licht
meter, de
muziek, de
natuurlijk
plattegrond, de
raam, het
rustig
slaapkamer, de
stad, de
toilet, het
tuin, de
verdieping, de

vierkante meter, de
vrij (vrij klein)
wasmachine, de
werkkamer, de
zelfs
zolder, de
zo'n
zonder

Taak 2
aantal, het
al(le)
bedoelen
betalen
helaas
helpen
hoog
huren, de huur
inschrijven
jammer (het is jammer voor u)
kleur, de
krijgen
laag
leeftijd, de
misschien
prachtig
reageren
ruim
salaris, het
spijten
te koop
verder (verder zoeken)
verhuizen
verkeerd
via
woning, de
zien

Taak 3
bank, de (meubel)
bed, het
echt (waar)
erg

geld, het
idee, het
kussen
meubels, de
passen bij / in
stoel, de
tafel, de

Taak 4
bekijken
brief, de
momen(tje), het
prima
spreken
vanaf
woningbouwvereniging, de

Slot
arm
eigen
eindelijk
langskomen

Hoofdstuk 5

Intro
auto, de
fiets, de
reizen
vertraging, de

Taak 1
binnengaan
boek, het
computer, de
eind, het
hoezo
kaart, de (plattegrond, de)
lift, de
lopen
meegaan
niks/niets
over (over zijn schouder)
plein, het

rechts
regenen
snappen
trap, de
universiteit, de
ver
vlakbij
weg, de

Taak 2
kerk, de
kilometer, de
langs (langs de supermarkt)
langs (langs het water)
linkerkant, de
links
linksaf
na
naast
oversteken
pad, het (fietspad)
pad, het (in de supermarkt)
parkeren
pinnen
rechtdoor
rechtsaf gaan
schrijven
steeds
uitstappen
vinden
zebrapad, het

Taak 3
aankomen
abonnement, het
benieuwd
brug, de
door
drukken
feestdag, de
fout, de
gesloten
heel (de hele dag)
heel (heel mooi)

ingang, de
instappen
kaart, de (toegangskaart, de)
kassa, de
klas(se), de (openbaar vervoer)
korting, de
metro, de
naartoe (waar gaat u naartoe?)
opladen
OV-chipkaart, de
overstappen
reis (enkele reis)
retour, het (trein)
scherm, het
spoor, het
tijdens
trein, de
vertrekken
voordeel, het
weekend, het

Taak 4
automaat, de
elk
fietsen
onderweg
ouder, de
rechterkant, de
richting, de
tram, de
vol
woonplaats, de

Slot
advies, het
eiland, het
provincie, de

Hoofdstuk 6

Intro
bloes, de
broek, de

geel
jas, de
jurk, de
laten zien
paars
rok, de
rood
schoen, de
sok, de
T-shirt, het
zwart

Taak 1
aanhebben
applaus, het
bank, de (geld)
belangrijk
blauw
donker
dragen
figuur
gympen, de
hardlopen
kleren, de
kort
lichtblauw
model, het
modeshow, de
net (voor kleren)
overhemd, het
paar, het
pak, het (kleding)
pet, de
politie, de
spijkerbroek, de
stropdas, de
trui, de
uitgaan
uniform, het
voorjaar, het
zomer, de
zon, de

Taak 2
blond
bril, de
ding, het
eruitzien
groen
haar, het
jongen, de
klas, de (school)
krul, de
oog, het
pauze, de
raden
steil (haar)
uiterlijk, het
verliefd

Taak 3
bon, de
dezelfde
eraf zijn (er is een knoop af)
gat, het
gisteren
kapot
knoop, de
maat, de
plezier, het
probleem, het
rits, de
ruilen
stuk
tegoedbon, de
teruggeven
teruggeven (geld)
vervelend

Taak 4
baas, de
bushalte, de
buurman, de
buurvrouw, de
compliment, het
dame, de
elkaar

kapper, de
niemand
opstaan

Hoofdstuk 7

Intro
film, de

Taak 1
bekend
bioscoop, de
bitterbal, de
borrel, de
borrelhapje, het
daarna
eerst
honger, de (ik heb honger)
kroeg, de
plan, het
rekening, de
rondje, het (een rondje geven)
straks
terugbellen
traditie, de
voorstel, het
want
zielig

Taak 2
aankomen
appeltaart, de
biefstuk, de
buurjongen, de
citroen, de
dessert, het

fles, de
garnaal, de
gebakken
gegrild
geloven
gewoon
hoofdgerecht, het
kaart, de (menukaart, de)
knoflook, de
lijken (de zalm lijkt me erg lekker)
nog (nog een witte wijn)
nog (nog leuker)
ober, de
plaats, de
saus, de
sla, de
slagroom, de
taart, de
tegen (daar kan ik geen nee tegen zeggen)
tonijn, de
voorgerecht, het
werkdag, de
zalm, de

Taak 3
aanstaande
bloem, de
bruiloft, de
gelukkig
geweldig
hapje, het
koken
lenen
lied(je), het
maaltijd, de

namelijk
om een uur of (twee)
pakken
slecht
suiker, de
trouwen
uitnodigen
uitnodiging, de
voetbal, het
volgens
vraag, de
wedstrijd, de

Taak 4
algemeen
bang
bang voor
dagelijks
dier, het
diploma, het
gebouw, het
gratis
informatie, de
minstens
open
openbaar vervoer
openingstijden, de
park, het
praktisch
spannend
sprookje, het
toegang, de
toegangskaartje, het
varen

Slot
reus, de

Alfabetische woordenlijst

	hoofdstuk en taak		
aanbieden	3.3	band, de	3 (slot)
aanhebben	6.1	bang	7.4
aankomen	5.3	bang voor	7.4
aankomen	7.2	bank, de (geld)	6.1
aanstaande	7.3	bank, de (meubel)	4.3
aantal, het	4.2	bed, het	4.3
aardappel, de	3.1	bedanken	1.1
abonnement, het	5.3	bedoelen	4.2
achter	1.2	beetje, het	4.1
achternaam, de	1 (introductie)	beginnen	1.1
adres, het	1.2	bekend	7.1
advies, het	5 (slot)	bekijken	4.4
aflopen	2.2	belangrijk	6.1
afspraak, de	2 (introductie)	bellen	1.2
al	2.4	beneden	4.1
al(le)	4.2	benieuwd	5.3
algemeen	7.4	bestellen	3.4
alleen	4.1	betalen	4.2
alles	h.3, lezen	beurt, de	3.2
alsjeblieft	3.3	bezorgen	3 (introductie)
alstublieft	3.2	biefstuk, de	7.2
alweer	2.2	bier(tje), het	3.3
ander	2.3	bij	1.1
anderhalf	2.3	bijna	2 (introductie)
appartement, het	4 (introductie)	bijvoorbeeld	3.1
appel, de	3.1	bijzonder	3 (slot)
appeltaart, de	7.2	binnengaan	5.1
applaus, het	6.1	binnenkomen	1.1
arm	4 (slot)	bioscoop, de	7.1
auto, de	5 (introductie)	bitterbal, de	7.1
automaat, de	5.4	blauw	6.1
autorijles, de	1 (introductie)	bloem, de	7.3
avond, de	2.1	bloes, de	6 (introductie)
avondeten, het	3.4	blond	6.2
baas, de	6.4	boek, het	5.1
bad, het	4.1	bon, de	6.3
bakker, de	3 (introductie)	boodschap(pen) de	3.1
balkon, het	4.1	boot, de	4 (introductie)
banaan, de	3.1	borrel, de	7.1
		borrelhapje, het	7.1
		boterham, de	3.4

boven	4.1	douche, de	2 (introductie)
brief, de	4.4	dragen	6.1
bril, de	6.2	drinken	3.1
broek, de	6 (introductie)	drukken	5.3
broer, de	1.1	duren	2.3
brood, het	3 (introductie)	dus	2.3
brug, de	5.3	duur	3.2
bruiloft, de	7.3	echt (waar)	4.3
bruin	3.2	eerst	7.1
bus, de	2.3	ei, het (eieren)	3.2
bushalte, de	6.4	eigen	h.4, slot
buurjongen, de	7.2	eiland, het	5 (slot)
buurman, de	6.4	eind, het	5.1
buurvrouw, de	6.4	eindelijk	h.4, slot
centrum, het	2.3	elk	5.4
champignon, de	3.2	elkaar	6.4
cijfer, het	1.2	en	1 (introductie)
citroen, de	7.2	eraf zijn	6.3
collega, de	2.2	erg	4.3
compliment, het	6.4	eruitzien	6.2
computer, de	5.1	eten	2.2
cursus, de	1.2	eten, het	3.4
daar	1 (slot)	familie, de	1 (introductie)
daarna	7.1	fantastisch	4.1
daarom	4.1	feest, het	2.2
dag, de	2.3	feestdag, de	5.3
dagelijks	7.4	feliciteren	2.4
dame, de	6.4	fiets, de	5 (introductie)
dan	1 (slot)	fietsen	5.4
danken (dankjewel)	2.4	figuur	6.1
dankuwel	1.2	fijn	1.2
datum, de	1.4	film, de	7 (introductie)
delen	4.1	flatgebouw, het	4 (introductie)
dessert, het	7.2	fles, de	7.2
dezelfde	6.3	formulier, het	1.4
dier, het	7.4	fout, de	5.3
ding, het	6.2	fris, het	3.3
diploma, het	7.4	fruit, het	3.1
dochter, de	1 (introductie)	gaan	1.1
doen	1 (slot)	garnaal, de	7.2
donker	6.1	gat, het	6.3
door	5.3	gebakken	7.2
dorp, het	4.1	geboorte, de	1.4
dorst, de (dorst hebben)	3.3	geboren	2.4

gebouw, het	7.4	hebben	1 (introductie)
geel	6 (introductie)	heel	5.3
geen	1.2	heerlijk	3.1
gegrild	7.2	helaas	4.2
gehakt, het	3.1	helpen	4.2
gek zijn op	3.1	heten	1 (introductie)
geld, het	4.3	hier	1.4
gelijk	2 (introductie)	hoe	1.1
geloven	7.2	hoe laat	2.2
gelukkig	7.3	hoeveel	2.3
gerecht, het	3 (slot)	hoezo	5.1
geslacht, het	1.4	honger, de	7.1
gesloten	5.3	hoofdgerecht, het	7.2
geven (geeft)	1 (introductie)	hoog	4.2
geweldig	7.3	houden van	3.1
gewoon	7.2	huis, het	1.2
gezellig	3.3	huisarts, de	1 (introductie)
gezin, het	4.1	huren, de huur	4.2
gisteren	6.3	idee, het	4.3
glas, het (glaasje)	3 (introductie)	iets	3.3
goed	1.1	in	1 (introductie)
goedkoop	3.2	informatie, de	7.4
graag (twee koffie graag)	3.2	ingang, de	5.3
graag (welke programma's wil je graag zien?)	2.2	inschrijven	4.2
		instappen	5.3
gram	3.2	invullen	1.4
gratis	7.4	ja	1.1
groen	6.2	jaar, het	1 (introductie)
groente, de	3.1	jam, de	3.1
groeten	1.3	jammer	4.2
groot	4.1	jarig	2.4
gympen, de	6.1	jas, de	6 (introductie)
haar, het	6.2	jong	2.4
hagelslag, de	3.1	jongen, de	6.2
hal, de	4.1	jurk, de	6 (introductie)
halen	3.3	kaart, de (de menukaart)	7.2
half	2.2	kaart, de (de plattegrond)	5.1
handtekening, de	1.4	kaart, de (de toegangskaart)	5.3
hapje, het	7.3	kaas, de	3.1
hardlopen	6.1	kalender, de	2.4
hartelijk	2.4	kamer, de	4.1
hartelijk	2.4	kapot	6.3
hartig	3.1	kapper, de	6.4
hartstikke	4.1	kassa, de	5.3

kast, de	4.1	langskomen	4 (slot)
keer, de (twee keer per week)	2.3	laten zien	6 (introductie)
kennen	1.3	leeftijd, de	4.2
kerk, de	5.2	lekker	3.1
keuken, de	4.1	lekker vinden	3.1
kiezen	3.1	lenen	7.3
kijken	1.2	les, de	2.2
kilo, de	3.2	lesgeven	2.1
kilometer, de	5.2	leuk	1 (slot)
kinderen, de (het kind)	1 (introductie)	licht	4.1
kip, de	3.1	lichtblauw	6.1
klaar	2.2	lied(je), het	7.3
klant, de	3.4	lift, de	5.1
klas(se), de (openbaar vervoer)	5.3	lijken	7.2
		linkerkant, de	5.2
klas, de (school)	6.2	links	5.2
klein	3.4	linksaf	5.2
kleren, de	6.1	lopen	5.1
kleur, de	4.2	lunch, de	3.4
klopt dat?	1.2	lusten	3.1
knoflook, de	7.2	maaltijd, de	7.3
knoop, de	6.3	maand, de	2.3
koekje, het	3.1	maart	1.4
koffie, de	3.3	maat, de	6.3
koken	7.3	maken	3.1
komen	1 (introductie)	man, de	1 (introductie)
kop, de	3.3	markt, de	3.2
kopen	3 (introductie)	meedoen	1.1
kort	6.1	meegaan	5.1
korting, de	5.3	meenemen	3 (slot)
kosten	3.1	meestal	3.4
krant, de	1.2	melk, de	3.1
krijgen	4.2	meneer, de	1.1
kroeg, de	7.1	met	1 (introductie)
krul, de	6.2	meter, de	4.1
kunnen	1 (slot)	metro, de	5.3
kussen	4.3	meubels, de	4.3
kwart, het (tijd)	2.2	mevrouw, de	1.1
kwartier, het	2.2	middag	2.1
laag	4.2	minstens	7.4
laat	2.2	minuut, de	2 (introductie)
land, het	2.2	misschien	4.2
lang	2.2	mobiele telefoon, de	1 (slot)
langs	5.2	model, het	6.1

modeshow, de	6.1	openingstijden, de	7.4
moeder, de	1 (introductie)	opladen	5.3
moeten	1.1	opschieten	2.1
mogen	3.1	opstaan	6.4
momen(tje), het	4.4	oud	2.4
mooi	3 (slot)	ouder, de	5.4
morgen	2.1	OV-chipkaart, de	5.3
morgen, de	2.1	over (kwart over twee)	2.2
muziek, de	4.1	over (over 10 minuten)	2 (introductie)
na	5.2	over (over zijn schouder)	5.1
naam, de	1 (introductie)	overhemd, het	6.1
naar	1 (slot)	overstappen	5.3
naartoe	5.3	oversteken	5.2
naast	5.2	paar, het	6.1
nacht, de	2.1	paars	6 (introductie)
namelijk	7.3	pad, het (fietspad)	5.2
nationaliteit, de	1.4	pad, het (in de supermarkt)	5.2
natuurlijk	4.1	pak, het (kleding)	6.1
Nederlands(e)	1.4	pakken	7.3
nee	1.1	pannenkoek, de	3 (slot)
net	2 (introductie)	park, het	7.4
net (voor kleren)	6.1	parkeren	5.2
niemand	6.4	pas (pas 19)	2.4
niet	1.2	passen bij / in	4.3
nieuw	1 (introductie)	patat, de	3.1
niks/niets	5.1	pauze, de	6.2
nog	7.2	per (twee keer per week)	2.3
nooit	3.1	persoonlijk	1.4
nu	1 (introductie)	pet, de	6.1
nummer, het	1 (introductie)	pinda, de	3.1
ober, de	7.2	pinnen	5.2
ochtend, de	2.1	plaats, de	7.2
of	2.1	plaats, de	1.2
om een uur of (twee)	7.3	plan, het	7.1
onder	1.4	plattegrond, de	4.1
onderweg	5.4	plein, het	5.1
ongeveer	1.2	plezier, het	6.3
ons, het	3.2	politie, de	6.1
ontbijt, het	3.1	pond, de	3.2
oog, het	6.2	postcode, de	1.2
ook	1.1	prachtig	4.2
op	1 (introductie)	praktisch	7.4
open	7.4	precies	2.2
openbaar vervoer	7.4	prima	4.4

probleem, het	6.3	slagroom, de	7.2
programma, het (tv)	2.2	slecht	7.3
proost	3.3	snappen	5.1
provincie, de	5 (slot)	snel	1 (slot)
raam, het	4.1	snijden	3.2
raden	6.2	sok, de	6 (introductie)
reageren	4.2	soms	1.2
rechtdoor	5.2	soort, de	3.4
rechterkant, de	5.4	sorry	2 (introductie)
rechts	5.1	spannend	7.4
rechtsaf gaan	5.2	sperzieboon, de	3.1
regenen	5.1	spijkerbroek, de	6.1
reis (enkele reis)	5.3	spijten	4.2
reizen	5 (introductie)	spoor, het	5.3
rekening, de	7.1	sporten	2.1
restaurant, het	1 (slot)	spreken	4.4
retour, het (trein)	5.3	sprookje, het	7.4
reus, de	7 (slot)	staan	1.2
richting, de	5.4	stad, de	4.1
rijden	2.1	station, het	2.3
rijst, de	3.1	steeds	5.2
rijtjeshuis, het	4 (introductie)	steil (haar)	6.2
rits, de	6.3	stoel, de	4.3
rok, de	6 (introductie)	straat, de	1.2
rondje, het (een rondje geven)	7.1	straks	7.1
rood	6 (introductie)	stropdas, de	6.1
ruilen	6.3	student, de	1 (slot)
ruim	4.2	studeren	1 (slot)
rustig	4.1	stuk	6.3
's avonds	2.1	suiker, de	7.3
's middags	2.1	supermarkt, de	3.2
's morgens	2.1	taart, de	7.2
's nachts	2.1	tafel, de	4.3
's ochtends	2.1	tas, de	3.2
salami, de	3.4	te (te laat)	2 (introductie)
salaris, het	4.2	te koop	4.2
saus, de	7.2	tegen	7.2
scherm, het	5.3	tegoedbon, de	6.3
schoen, de	6 (introductie)	telefoonboek, het	1.2
school, de	3.1	terugbellen	7.1
schrijven	5.2	teruggeven	6.3
sla, de	7.2	teruggeven (geld)	6.3
slaapkamer, de	4.1	thee, de	3.1
slager, de	3.2	thuis	2 (introductie)

tijd, de	2 (introductie)	verkeerd	4.2
tijdens	5.3	verkoper, de	3.2
toch (dat is toch niet oud)	2.4	verliefd	6.2
toegang, de	7.4	vertraging, de	5 (introductie)
toegangskaartje, het	7.4	vertrekken	5.3
toilet, het	4.1	vervelend	6.3
tomaat, de	3.2	via	4.2
tonijn, de	7.2	vieren	2.4
tot (tot zaterdag)	2.4	vierkante meter, de	4.1
tot (van … tot)	2.3	villa, de	4 (introductie)
traditie, de	7.1	vinden	5.2
tram, de	5.4	vis, de	3.1
trap, de	5.1	vlakbij	5.1
trein, de	5.3	vlees, het	3.1
trouwen	7.3	vleeswaren, de	3.1
trui, de	6.1	voetbal, het	7.3
t-shirt, het	6 (introductie)	vol	5.4
tuin, de	4.1	volgen	1.2
tussen	3.4	volgend	2.3
uit (ik kom uit…)	1 (introductie)	volgens	7.3
uiterlijk, het	6.2	voor (vijf voor acht)	2.2
uitgaan	6.1	voordeel, het	5.3
uitnodigen	7.3	voorgerecht, het	7.2
uitnodiging, de	7.3	voorjaar, het	6.1
uitstappen	5.2	voornaam, de	1 (introductie)
uniform, het	6.1	voorstel, het	7.1
universiteit, de	5.1	voorstellen	1.1
uur, het	2 (introductie)	vraag, de	7.3
vaak	2.3	vriend, de	1.3
vader, de	1.1	vriendin, de	2.2
vakantie, de	2.3	vrij	2.3
vanaf	4.4	vrij (vrij klein)	4.1
vanavond	2.1	vrouw, de	1 (introductie)
vandaag	1.2	waar	1.1
vandaan	1 (introductie)	wachten	1 (slot)
vanmiddag	2.1	wakker	2 (introductie)
varen	7.4	wanneer	2.4
veel	2 (introductie)	want	7.1
vegetariër, de	3.1	warm	3.4
ver	5.1	wasmachine, de	4.1
verder (verder zoeken)	4.2	wat	1.1
verdieping, de	4.1	wat (iets)	3.3
verhuizen	4.2	water, het	3.1
verjaardag, de	2.2	wc, de	2.4

wedstrijd, de	7.3	zelfs	4.1
week, de	2.3	zetten	1.4
weekend, het	5.3	ziekenhuis, het	2.4
weer	1.3	zielig	7.1
weg, de	5.1	zien	4.2
weggaan	1.3	zijn	1 (introductie)
welk	1.2	zin hebben in	3.3
werkdag, de	7.2	zitten	1.1
werken	1 (introductie)	zo	3.1
werkkamer, de	4.1	zoeken	1.4
wie	1.1	zoet	3.1
wijn, de	3 (introductie)	zolder, de	4.1
willen	1.3	zomer, de	6.1
winkel, de	1 (introductie)	zo'n	4.1
wit	3.2	zon, de	6.1
wonen	1 (introductie)	zonder	4.1
woning, de	4.2	zoon, de	1 (introductie)
woningbouwvereniging, de	4.4	zout, het	3.1
woonplaats, de	5.4	zullen	1.1
worden	2.4	zus, de	1 (introductie)
zalm, de	7.2	zwart	6 (introductie)
zebrapad, het	5.2		

Bronvermelding

Hoofdstuk 2
Foto pagina 25: iStockphoto

Hoofdstuk 4
'Eenpersoonshuishoudens in Nederland', naar: *CBS Statline*, 2011; 'Een huurwoning zoeken via Woningnet', naar: *Woningnet Magazine*, november 2010

Hoofdstuk 5
'Een treinkaartje voor de fiets', naar: www.ns.nl, april 2011

Hoofdstuk 7
'De Efteling', naar: www.efteling.com, maart 2011; 'Madurodam', naar: www.madurodam.nl, maart 2011